중산층은 없다

중산층은 없다

사회이동이 우리를 어떻게 호도하는가

We Have Never Been
Middle Class

하다스 바이스 지음 | 문혜림·고민지 옮김

산지니

감사의 말
중산층 – 러브스토리

인류학자인 나에게 있어 나 자신은 항상 첫 번째 정
보 제공자였다. 이 책에 담긴 생각은 내가 성인이 되어 맞닥
뜨린 도전들에서 나온 것이지만, 내가 자라면서 지녔던 가
치들에 대한 향수로부터 비롯된 바가 더 크다. 다수의 사람
들이 나의 작업을 용이하게 하고 보상해주면서 이런 가치들
에 반하는 증거에 맞서 그 가치들이 살아 있게 해주었는데,
그로 말미암아 나는 이제 그들의 공헌에 감사를 표할 수 있
는 행복한 위치에 서게 되었다.

비밀 유지를 위해 내 현장 연구의 대상이 되었던 개
별 주체들의 이름을 언급할 수는 없지만, 공동으로나마 나
와의 인터뷰에 너그럽게 응해주고 그들 사이의 소통을 관찰
할 수 있게 허락해준 이스라엘과 독일 분들에게 깊은 감사
의 마음을 전하고자 한다. 그들이 있었기에 나의 연구는 가
능했다.

모든 교수들이 영감을 주었던 시카고대학교의 인류
학부에서 교육을 받았던 것도 나에게는 엄청난 행운이었다.

진 코마러프와 존 켈리, 모이쉬 포스톤은 나의 논문을 지도해주었고, 그 이상의 일들까지 챙겨주었다. 특히 수년에 걸친 진 코마러프 교수의 지원은 나의 경력과 심리적 안정에 결정적으로 중요한 역할을 하였다. 모이쉬 포스톤 교수는 이 책의 출간을 축하해주었는데, 출간된 책을 헌정하기도 전에 그가 세상을 떠나서 몹시 마음이 아프다. 존 켈리와 수잔 갤은 결정적인 순간에 나에게 도움을 주었고, 앤 치엔은 모든 일이 순탄하게 진행될 수 있도록 나를 도와주었다. 그리고 시카고가 나의 제2의 고향이 될 수 있게 만들어준 친구들 마이클 벡텔, 레이첼-슬로밋 브레지스, 마이클 세픽, 제이슨 도시, 애비게일 딘, 제니퍼 다울러, 아만다 잉글러트, 야쿱 힐랄, 로렌 킬러, 탈 리론, 사라 루나, 엘레인 올리펀트, 알렉시스 살라스, 노아 바이스만, 이탄 월프, 로드니 윌슨, 탈 이팻에게 고마운 마음을 전한다.

프랑크푸르트대학교의 한스 피터 한은 훌륭한 지도교수였다. 그에게 감사드리며, 그곳에서 함께한 친구들 제니퍼 배글리, 비탈리 배르타쉬, 페데리코 부첼라티, 고르다나 시릭, 토비아스 헬름스, 크리스틴 카스트너, 해리 매드하실, 마리오 슈미트, 발부르가 줌브로히에게 고마운 마음을 전한다. 나는 헬싱키 고등연구회(Helsinki Collegium for Advanced Studies)에서 투로-키모 레토넨과 조엘 로빈스로부터 많은 것들을 배웠다. 나의 헬싱키에서의 겨울을 활기차게 해준 그들과, 소린 고그, 사라 그린, 시모 뮤어, 나디아 나바, 사아라 팰랜더, 미나 루켄스테인, 필립 시코르스키, 호세 필리프 실바, 안드라스 시게티에게 고마움을 전한다. 부다페스트에 소재한 중앙유럽대학교(Central European University) 고등연구소의 에바 포도르는 완벽한 소장이었다. 이 책에 담긴 아이디어에 처음으로 열의를 표해준 그와, 두앤 코르피스, 토마스 패스터, 크레이그 로버츠, 제임스 루터포드, 카이 샤프트, 줄리안 윌린에게 고마운 마음을 전한다. 독일 할레의 막스 플랑크 사회인류학연구소(Max Planck Institute for Social Anthropology)의 크리스 한과 돈 칼프는 그곳에서 내가 이 책을 집필할 수 있게 해주었고, 그 과정에서 나를 계속 격려해주었다. 기쁜 마음으로 연구소에 들어갈 수 있게 환영해준 그들과, 동료 사스키아 에이브람스-카부넨코, 트리스탐 배렛, 샬롯 브루커만, 나탈리아 뷰얼, 디미트라 코프티, 마레크 미쿠스, 실비아 테르페, 사무엘 윌리엄스에게 고마운 마음을 전한다.

나의 라이프치히 체류는 모란 아하로니와 노라 고틀리프, 아가타 모라, 존 슈베르트가 있어서 수월했다. 베를린에서는 가이 길라드, 안드레아스 마코스키, 카타르지나 푸존, 앙드레 티만, 알리나 바이스펠드, 로베르타 자보레띠, 가브리엘레 지프가 있어서 업무보다는 즐거운 놀이로 가득했던 시간을 보냈다. 학문적 노마디즘으로 인해 나는 이반 아서, 폴 다니엘, 로템 게바, 에후드 할페린, 마탄 카미네르, 패트릭 네벨링, 디미트리스 소티로폴로스, 크리스티앙 스테글과 소중한 인연을 맺을 수 있었다. 고향인 이스라엘로 돌아가면, 나의 오랜 친구들인 니라 벤-알리즈와 치피 베르만, 차할라 사멧, 니차 자프리르가 무엇이 중요한 문제인지 늘 상기시켜주었다. 진심으로 그 친구들에게 감사하다.

이반 아서, 조쉬 베르손, 샬롯 브루커만, 마테우시 할라와, 요압 할페린, 야쿱 힐랄, 마레크 미쿠스 에크하르트 스타메르, 모르데카이 바이스는 이 책 초안의 일부나 전체를 읽고, 나에게 훌륭한 조언을 해주었다. 버소(Verso) 출판사에서는 이 같은 수고를 세바스티앙 뷔젱과 리차드 세이모어가 해주었다. 그들에게 감사하고, 늘 나의 가장 뛰어나고 성실한 독자인 아만다 잉글러트에게 특히 고마운 마음을 전한다.

나는 이전에 간행된 내 연구물의 일부를 다른 말로 바꿔 집필한 학술지들을 이곳에 밝혀두고자 한다. 그 목록은 다음과 같다. "Homeownership in Israel: The Social Costs of Middle-Class Debt," *Cultural Anthropology* 2014, vol. 29(1): 128-49; "Capitalist Normativity: Value and

Values," *Anthropological Theory* 2015, vol. 15(2): 239 – 53; "Contesting the Value of Household Property," *Dialectical Anthropology* 2016, vol. 40(3): 287 – 303; "Longevity Risk: A Report on the Banality of Finance Capitalism," *Critical Historical Studies* 2018, vol. 5(1): 103 – 9; "Lifecycle Planning and Responsibility: Prospection and Retrospection in Germany," *Ethnos* 2019.

나의 형제인 탈 바이스와 릴라흐 바이스는 항상 나를 응원해주었다. 내 조카들 사하르, 아비브, 유발, 토메르, 미카엘, 야라, 아비가일은 늘 다정했고 기쁨을 주었다. 이 책도, 그리고 내가 지금까지 성취한 그 어떤 것도 나의 부모님인 라헬 바이스와 모르데카이 바이스의 무조건적인 사랑과 변함없는 지원이 없었다면 불가능했을 것이다. 멋진 우리 가족에 대한 나의 깊은 사랑과 고마운 마음은 이루 말로 다 표현할 수 없을 것이다.

차례

감사의 말 : 중산층 - 러브스토리   5

서문   우리는 결코 중산층이었던 적이 없다   13
제1장   우리가 중산층을 이야기할 때 말하는 것들   39
제2장   재산의 은밀한 매력   83
제3장   너무나 인간적인   131
제4장   굿바이 가치, 굿바이 정치   171
맺음말   207

역자 후기 : 투자를 강요받는 시대, 과연 중산층은 존재하는가? 225
주   231
찾아보기   261

일러두기

♦ 본서는 원서의 원제와 부제 *We Have Never Been Middle Class: How Social Mobility Misleads Us*를 그대로 번역하지 않고 핵심 내용을 더 잘 전달하기 위해 다음과 같이 바꿔 번역하였음을 밝힌다. 『중산층은 없다: 사회이동이 우리를 어떻게 호도하는가』

♦ 저자가 단 주석은 관련된 연구의 목록을 제시하는 경우가 많으므로 가독성을 높이기 위해 미주로 제시하였다. 역자가 단 주석은 *로 표시하여 각주 처리하였다.

♦ 본문에서 자주 사용되는 주요 용어들은 역주로 번역 원칙을 제시하였다.

♦ 본문에서 인용한 책 가운데 국역본이 있는 경우 역주로 서지정보를 표시하였다.

♦ 원서에 이탤릭체로 강조된 부분은 본서에서 고딕체로 표시하였고 큰 따옴표로 강조된 부분은 그대로 표시하였다.

♦ 인명과 지명은 국내에서 관용적으로 많이 쓰이는 경우 이를 따라 표기하였고 그 외 경우는 원어 발음에 가깝게 표기하였다.

♦ 찾아보기는 원서 색인을 역자가 핵심 주제어 중심으로 정리·가공하였다.

서문
우리는 결코 중산층이었던
적이 없다

(중산층으로서의) 중간계급(middle class)은 존재하지 않

는다.* 우리가 중산층을 이야기할 때마다, 우리가 하는 말의

---

* 원문장은 "The middle class does not exist."이다. 잘 알려져 있다시피 "middle
class"는 사회학 내에서 "중간계급", "중산층", "중류층", "중산계급" 등 여러 가지 용어
로 번역된다. 이는 기본적으로 계층이론과 계급이론 간의 관점 차이를 반영한 것이지만,
양 이론진영 내에서조차 해당 용어의 명확한 개념 규정이 제대로 이루어지지 못한 것으
로 보인다. 저자가 이 책에서 말하는 "middle class"는 자본주의 사회에서 투자자로 정
체성을 확립한 어느 정도의 자산을 지닌 이들로서, 자본주의의 시작부터 현재 금융자본주
의에 이르기까지 "중간자들"로 일컬어지며 더 많은 노력과 투자를 통해 사회적 상승을 할
수 있다고 고무되어온 집단이다. 역자가 보기에 이런 의미를 가장 잘 담고 있는 번역어는
"중산층"으로, 이러한 중산층을 하나의 중간계급으로 규정하는 것은 이데올로기에 불과
하다는 것이 이 책의 주요한 주장이다. 즉, 중산층으로서의 중간계급은 존재하지 않는다
는 것이다. 만약 이 책에서 말하는 "middle class"를 "중간계급"으로 번역하면, 저자가
중간계급이라는 개념 자체를 부정하는 것으로 비춰질 수 있는데, 이는 저자의 의도를 잘
못 파악한 것이다. 그는 자본주의의 주요 생산관계(자본가계급-노동자계급)에 속하지 않
는 자영업자나 소상공인, 혹은 고위 경영자나 관리직 등을 지칭하는 중간계급 개념을 아
예 부정하는 것이 아니라, 재산의 유무와 그 많고 적음으로 구분되는 중산층이라는 개념
을 부정하는 것이며, 더 정확하게는 이러한 중산층을 새로운 하나의 계급으로, 즉 신 글로
벌 중간계급으로 규정하려는 시도를 비판하는 것이다. 따라서 역자는 독자에게 이런 저자

대부분은 모순된다. 우리는 그것의 감소나 몰락을 걱정한다. 오늘날에는 불과 십 년 전에 비해 스스로를 중산층이라고 생각할 수 있는 사람들이 적어졌고, 상황이 이렇다면 그 경계에 선 사람들은 곧 몰락할 것이라고 말이다. 하지만 또 전 세계적으로 보면, 중산층이 실제로 증가하고 있고, 중국과 인도, 브라질, 남아프리카 같은 곳에서 진취적으로 행복을 추구하는 사람들로 인해 그 계급(rank)이 증가하고 있는 것을 발견할 수 있을 것이라는 기사 제목에 고무되기도 한다. 이런 오래된 언어적 속임수들 속에서, 우리는 중산층의 수에 의문을 제기하는 동시에 사람들이 올라가거나 떨어져 나올 수 있는 중산층이 존재한다는 생각을 가지게 된다.

중산층은 없다. 이를 알 수 있는 한 가지 방법은 중산층의 구성원을 확인하기 위해 수년에 걸쳐 수행된 연구들을 살펴보는 것이다. 정책 및 컨설팅기관, 연구원, 개발원, 마케팅회사, 정부기관, 중앙은행 등에서 발행한 연구 및 분석보고서를 살펴보면, 도출된 결과들만큼이나 많은 기준들을 볼 수 있다. 통계학자들은 특히 보편적으로 적용 가능한 측정법을 찾아내는 데에 매우 어려움을 겪고 있다. 부유한

의 의도를 정확하게 전달하기 위해 첫 문장을 위와 같이 의역하였다. 그리고 앞으로 나올 "middle class"는 모두 "중산층"으로 번역하였으며, 일부 문맥에서만 이해를 돕기 위해 "중산층(중간계급)"으로 표기하였다는 점을 밝혀둔다.

국가 사람들은 세계 인구의 대다수가 꿈만 꿀 뿐인 생활, 노동, 소비 수준을 누리는데, 여기에는 대담한 신 글로벌 중산층(new global middle classes)으로 확인될 가능성이 가장 높은 사람들도 포함된다. 그렇다면 어떤 분류기준이 그들 모두를 포괄할 수 있을까?

가능한 분류 방법이 여럿 있다. 우선 직업(occupation)이 있다. 이때 중산층에는 모든 종류의 숙련직, 관리직, 전문직, 그리고 비육체노동을 수행하는 이들이 포함된다. 이는 당신이 불완전 고용으로 허덕이는 화이트칼라 전문직이나, 역으로 마치 그 분류를 거스르는 것처럼 보이는 고임금 비전문직을 생각하기 전까지는 매우 직관력 있는 분류 방법이다. 또 다른 일반적인 분류 기준은 빈곤에 대한 상대적 특권이다. 즉, 당장 닥쳐올 굶주림이나 빈곤으로부터 자신을 보호할 충분한 자원(resource)*을 가진 사람들을 중산층으로 간주하는 것이다. 그러나 여기서도 우리는 개인과 국가, 세계시장의 위기로 말미암아, 칭송 받는 중산층 사람들이 갑자기 부자에서 무일푼으로 전락했다는 무서운 이야기를 듣는다. 일부 분석가들은 가처분소득 수준을 기준으로,

---

* 이 책에서 자주 사용되는 단어 "resource"는 주로 "자원"으로 번역하였으나, 돈이 될 만한 재산을 일컬을 시에는 "재원"으로 번역하였다.

자신의 가계를 매일 유지하는 데 요구되는 것을 초과하는 수입(income)*을 고정적으로 벌어들여서 불필요한 것까지 살 수 있는 소득자를 중산층으로 간주하기도 한다. 이 규정은 고정소득을 오도하는데, 실제로 돈이 매우 불규칙한 방식으로 가정 안팎을 흘러 다니는 세상 속에서 그런 비용을 계산 가능하고 고정할 수 있는 부분으로 간주하면서 이를 추정하기 때문이다. 또 다른 일부 분석가들은 중산층을 절대소득 수준에 따라 정의한다. 그들도 유사한 문제에 직면하는데, 심지어 일부는 국가 물가 지수를 조정할 때 이런 문제를 겪는다. 문제는 일단 돈의 상대적 가치에 있다. 또 다른 문제는 지역 자원과 사회기반시설, 그리고 그들이 경합을 벌이는 정치적 환경을 고려했을 때 돈을 가지고 무엇을 할 수 있는가에 있다. 서로 다른 국가에서 비슷한 소득 수준을 누리고 있는 사람들은 그들이 서로 같은 집단에 속한다는 것을 상상할 수 없을 정도로 완전히 다른 생활수준을 누리고 있다. 일부 분석가들은 여전히 중산층을 중위 소득층으로 규정한다. 즉 그들을 한 국가의 소득계층에서 중

---

* 이 책에서 자주 사용되는 단어 "income"과 "earning"은 각각 "수입"과 "소득"으로 번역하였다. 다만, 저자의 경우 이 두 용어를 엄밀하게 구분하여 사용하기보다 무언가를 통해 벌어들이는 돈의 의미로 자유롭게 사용하고 있으므로, 문맥에 따라 "income"은 "소득"으로도 번역하였음을 밝혀둔다.

간을 차지하는 계층으로 보는 것이다. 하지만 이런 분류법은 국가 간 비교를 불가능하게 만들며, 게다가 각 국가에서는 중간 소득층과 이보다 다소 낮은 소득층 사이의 차이가 매우 적어 두 집단을 설득력 있게 구분하지 못한다. 가장 흥미로운 기준은 냉철한 양적 분석가들이 주관적이라고 부르는 기준으로, 사람들이 직접 자신을 분류하는 것에 따르는 것이다. 이는 대체로 다른 기준에 기반한 분석들보다 더 많은 사람들이 스스로를 중산층으로 규정하기 때문에 분석가가 오류를 범하게 만든다. 이는 거의 세계 어느 곳에서나 사실이며, 다른 분석들에서 중산층으로 규정된 이들의 위나 아래에 있다고 간주될 사람들이 중산층으로 규정되게 만든다.[1]

분석가들이 중산층을 정의하는 것에 관해 조심스럽다면, 공공 부문과 기업 부문의 대표자들은 그러한 거리낌이 없다. 권위자들은 중산층이 정말 훌륭한 존재(really good thing)라고 생각하는 데 있어 폭넓은 공감대를 보이면서 그 계급의 몰락을 개탄하고 성장을 축하한다. 소위 중산층은 좌파와 우파, 보수와 진보진영 정치인들의 총아로, 그들은 모두 자신들이 추진하는 정책으로 중산층의 이익(interest)*

---

* 일반적으로 "이익"으로 번역될 수 있는 단어들을 문맥에 따라 다음과 같이 번역하였

을 대변한다고 주장한다. 싱크탱크와 컨설팅기업들은 스스로를 중산층으로 규정하거나 혹은 출세지향적인 중산층에게 정치가들이 호소할 수 있도록 돕는다. 그들이 중산층을 확대할 전략을 짜내는 동안, 마케팅 담당자들은 기업 경영진에게 중산층의 환상을 어떻게 충족시킬 수 있는지를 안내한다. 전문 문헌이나 언론 보도와 힘을 합쳐서, 이 실행자들은 중산층을 다수의 사회적·경제적 욕망과 결부시킨다. 특히 그들은 안정, 소비지상주의, 기업가 정신, 그리고 민주주의를 중산층의 주요한 속성으로 손꼽는다. 그들은 더 나아가 이런 속성들이 경제성장과 근대화, 공동의 복리(well-being)라는 선순환 속에서 하나가 다른 하나로 자연스럽게 이어지는 상호 연결된 것으로 표현한다.[2]

한편, 신 글로벌 중산층의 일부로 추정되는 사람들의 삶을 조사하는 것에 힘쓰던 사회과학자들은 이런 각각의 속성들에 심각한 의문을 제기한다. 그들은 번영이 아닌 지속적인 불안정, 부채, 강박적 과로로 결속된 사람들을 신 글로벌 중산층으로 기술한다. 그들은 이러한 사람들이 소비재를 구입하는 데 가처분소득을 쓰기보다는 그들이 가진 여분

다. "interest"는 "이익", "이해관계", 때에 따라 "이익 추구"로, "advantage"는 "이익"이나 "이득"으로, "benefit"은 "이익"이나 "혜택"으로 번역하였으며, "return"은 "수익"으로 번역하였다.

의 현금을 비축하거나, 주택이나 보험 같은 것에 투자하려는 성향을 지닌다고 설명한다. 그런 사회과학자들은 신 글로벌 중산층을 분석할 때마다 언제든지 이들이 기업가적 이익보다는 정해진 급여를 더 선호한다는 것을 밝혀내는데, 이러한 추구는 대개 안정적 고용이 부재하는 것에 대한 강제적 적응이다. 그리고 그런 사회과학자들은 민주주의에 대한 전폭적 지지를 제공하기보다는 자신들의 이익을 보호할 수 있는 정당과 정책이면 무엇이든 지지하는 중산층의 정치적 실용주의(political pragmatism)를 강조한다. 이는 라틴 아메리카의 최근 역사와 오늘날의 중국에서 쉽게 발견된다.[3]

　　이는 "중산층"이 뚜렷하게 구분되지도 않고, 설득력을 가질 만큼 확실하지도 않은 이례적으로 모호한 범주라는 것을 보여준다. 하지만 이런 모호함이 이 범주가 전 세계적으로 통용되는 것을 막지는 못한다. 이 개념은 중산층의 이익, 미덕, 포부에 대한 정치·경제지도자들의 선언뿐만 아니라, 전 세계 각계각층 사람들이 자신을 중산층의 일원으로 동일시하려는 열망을 지닌 것에서 드러나듯 엄청난 초국적 인기를 누리고 있다. 한 인류학자가 이렇게 매우 호평을 받지만 심히 어설피 정의되어 있는 한 범주를 발견하고, 그럼에도 불구하고 정치인들, 개발기관들, 기업인들, 마케팅 전문가들에 의해 이 범주가 매우 강력히 사용되는 것을 보게 된다면, 그 인류학자는 딱 한 가지만 생각할 것이다. 바로 이데올로기이다.

이스라엘 및 독일의 중산층과 일반적으로 관련된 여러 문제들을 때때로 그들의 상대국을 훑어보면서 연구해보면, 이런 이데올로기를 그 어디에서든 발견할 수 있다. 이는 내가 관찰하고 있던 그 사람들이 어떻게 식별될 수 있는가에 대해 좀 더 직접적으로 질문하도록 나를 고무하였다. 나는 스스로에게 물었다. 만약 중산층이 하나의 이데올로기라면, 그것은 무엇을 의미하는가? 어떤 목적을 위해 사용되는가? 그것은 어떻게 생겨난 것이고, 무엇이 그것을 그토록 강력하게 만드는 것일까? 이 책에는 그런 질문들에 대한 답과, 그것의 함의를 탐구하는 나의 방법이 담겨 있다.

나는 나의 논거들을 독특한 방식으로 관련 독자층에게 전달하고자 한다. 이것은 설명을 필요로 한다. 요즘 시대에 대명사 "우리"는 의심스러우며 거의 항상 다소 반항적인 "나는 아님(not-me)"이라는 반응을 불러일으킨다. 모든 정치인, 지도자, 목사, 운동가들은 자신들이 공통적이라고 주장하는 대의명분을 위해 이질적인 대중을 규합하려고 힘쓴다. 우리 99%에 맞선 강력한 1%라든지, 아님 우리가 누구이고 무엇을 가지고 있는지를 위협한다고 인식된 반(反)대중인사라든지에 관계없이, "우리"는 "우리가 아님(not-we)"과 달리 더 자발적으로 발음된다. 여기서 내가 염두에 두고 있는 것은 전략적인 목적이나 예견된 반대에의 대항을 위해 덧붙여졌거나 집단적으로 선언된 것이 아닌 아주 다른 종류의 포괄성(inclusiveness)이다. 이것은 우리의 자만심을 분명히 보여주는 다소 조용하고도 자축적인 "우리"이다.

사회학자 브뤼노 라투르(Bruno Latour)는 그러한 자만심, 즉 비인간과 인간, 자연세계와 사회세계를 분리하는 것에 기초한 객관성(objectivity)을 과시하면서 우리 자신을 근대적 혹은 비원시적이라고 생각하는 견해를 반박하기 위해 『우리는 결코 근대인이었던 적이 없다We Have Never Been Modern』*라는 책을 썼다. 라투르는 그러한 분리는 실제로 존재하지 않았으며, 지구온난화와 데이터뱅크, 생명공학 같은 하이브리드를 그런 견해가 가진 신념에 대항하는 것으로 간주하였다. 그는 이런 추정의 핵심이 바로 서구의 과학적 · 산업적 구조에 있다고 주장한다. 그는 부재가 명확한 선사시대와 후대에 대해 자세히 설명함으로써 근대의 상대화로 나아갔다.

라투르의 선구적인 연구 덕분에, 나는 중산층의 자만심에 대해 유사한 주장을 할 수 있었다. 나는 중산층이라

---

* 브뤼노 라투르, 『우리는 결코 근대인이었던 적이 없다』, 홍철기 역, 갈무리, 2009.

는 범주가 우리가 가지고 있지 않은 힘을 암시한다는 점에서 거짓이라고 생각한다. 나는 또한 그것이 우리 자신의 것이 아니며, 우리의 이익에 영향을 미치지 않는 목적을 위해 이러한 힘들을 발동시킨다는 점에서 이데올로기적이라고 생각한다. 하지만 나는 이 주장을 독자들에게 전달하는 데 매우 어려움을 겪었다. 인류학자가 알레르기가 있는 것이 하나 있다면, 그것은 바로 일반화(universalizing)이다. 이는 지금의 나 자신을 상상하는 방식이 자연의 섭리나, 신의 결정, 또는 선천적인 본능의 발현에 의해 우리 모두가 존재하고 늘 존재해온 방식이라고 너무 쉽게 가정하는 것을 말한다. 인류학자들은 전통적으로 "우리"가 아니라 "그들", 즉 우리와 다르게 행동하고 그 다름이 자동 반사적인 보편화를 거부하는 그런 사람들을 연구해왔다. 그러므로 우리를 위해, 그리고 우리에 관해 쓰인 책은 인류학자에게는 직관에 어긋난다.

하지만 나는 의도적으로 이런 선택을 했다. 왜냐하면 인류학의 영역에 정확히 속하는 한 가지가 바로 비판(critique)이기 때문이다. 동떨어지고 이국적인 모든 것에 인류학이 가지는 흥미는 통상 〈내셔널 지오그래픽National Geographic〉과 같은 중립적이고 과학적인 또는 객관적인 관점을 가장하지 않는다. 역으로, 인류학은 대개 사람들이 보편적으로 받아들이는 차별과 속성, 즉 가까이 있고 친근한 모든 일상적인 추정들에 대해 의미 있는 개입(meaningful intervention)을 하는 수단이 되어왔다. 인종과 민족적 차별의 본질과 진실성, 젠더 역할과 성적 기호의 원인과 결과, 유년기-청소년기-성년기-노년기의 경계와 특이성, 신념이나 의식(儀式), 감정과 과학적 추론의 사회적 이용, 식생활과 노동, 여가, 수면의 패턴과 기능, 보건 및 병리학의 정의와 중요성, 가족과 부족, 국가를 구성하는 관계들 등 인류학이 개입해온 목록은 이외에도 많다.

그 논리는 다음과 같다. 가령 어딘가에서 사람들이 이기적이지도 않고, 자기 잇속만 차리는 방식으로 행동하지도 않는다면, 대부분의 인류학자들이 속해 있고 그들의 연구를 퍼뜨려야 하는 선진 자본주의 경제에서 일어나는 사람들의 이기적인 행동은 타고난 인간의 기질이 아닌 다른 것에 기인해야 한다. 또 예를 들어, 만약 세계의 다른 곳 사람들이 상품과 서비스의 생산과 유통을 위해 좀 더 평등주의적이거나 집단적으로 관리하는 조직으로 그들의 필요와 욕구를 충족시키는 데 성공한다면, 우리의 경제 및 정치체제에 대해 상상 가능한 대안이 존재하는 것이다.

그러나 인류학의 전통적 영역이 축소되면서 비판이라는 도전은 더욱 복잡해졌다. 세계의 먼 지역은 더 이상 그렇게 멀리 떨어져 있지 않게 되었으며, 한때 이질적이고 이국적이었던 사회는 이미 오래전부터 시장과 미디어의 글로벌 네트워크 속으로 포섭되었다. 비판적 인류학자들은 그들 자신이 교착상태에 빠져 있다는 것을 발견한다. 한편으로 그들은 지나치게 성급한 가정을 뒤집고, 안일한 일반화를 폭로하고, 고착화된 지배구조에 문제를 제기하고자 하지만, 다른 한편으로는 그들이 연구 대상으로 삼는 사람들만큼이나 거의 전 세계적인 수준으로 정교하고 포괄적인 사회적·경제적 망에, 다시 말해 그것이 부과하는 경쟁적 압박과 그것이 낳은 자기중심주의에, 그리고 그 망이 모든 사람들의 노동과 소비와 관계에 도입한 페널티와 인센티브에 얽혀 있다. 이는 그들이 연구대상만큼이나 자신에게도 영향을 미치는 힘을 비판할 수 있는 관점을 갖기 어렵게 만든다.

그럼에도 성공적으로 연구를 수행한 인류학자들은 대개 세계 자본주의와 같은 압력을 받으면서도 그로부터 어느 정도 배제된 삶을 영위하는 세계 주변부 사람들에게 초점을 맞추었다. 하지만 이 주변부 사람들조차 지금은 화폐와 상품의 세계적 생산과 유통에 완전히 얽혀 있으며, 이런 흐름의 경로로 구축되거나 새롭게 바뀐 제도들을 통해 규제되고 있다. 이런 제도들에는 국민국가(nation-states), 핵가족, 자유시장, 신용과 부채, 사유재산, 인적 자본, 투자와 보험 등이 속한다. 그러한 제도 각각은 자신이 처한 조건과 씨름하거나 이를 조작하기 위해 사람들이 특정 시점에서 개발하고 조정한 것이라고 생각하기 어려울 만큼 매우 필수적인 것처럼 보이는 나름의 근거를 가지고 있다. 왜냐하면 그 제도들은 우리가 만든 세상의 다른 모든 것과 불가항력적으로 얽혀 있기 때문이다. 그런 제도들은 자본주의가 자리 잡는 곳마다 나타난다. 그것들은 사람들이 자신을 고용인, 투자자, 채무자, 시민, 가족 구성원, 자산가, 또는 한 사회계급의 성원으로 인식하는 방식을 형성한다. 그러므로 "우리"로 암시되는 일반화의 추진은 엉뚱하거나 주제넘은 것이 아니라 자본주의 그 자체에 편재하는 부산물인 것이다.

자본주의의 일반화는 중산층이라는 범주와 관련해서 가장 두드러지는데, 왜냐하면 이 범주는 근본적으로 광범위하고 포괄적이기 때문이다. 이 범주는 모든 인간의 이미지를 돈과 시간, 노력에 대한 자기 결정적 투자자(self-determining investor)로 투영하고, 지금 당장은 아니더라도 그런 잠재력과 열망을 가진 것으로 나타낸다. 이 범주에서 사회는 자기 자신과 자녀의 미래를 위한 비축을 하기 위해 즉시 보상받을 수 있는 것보다 더 많은 노력을 기꺼이 하고, 절대적으로 필요로 하는 것보다 더 큰 부채 부담을 짊어지며, 할 수 있을 때마다 비용을 절감하며 서로 상호작용하는 여러 개인들의 복합체로 그려진다. 이 개인들이 직면하고 있을 다양한 사회적·지리적 장벽으로 말미암아 이러한 방식으로 투자할 수단을 박탈당한 이들을 제외한 모든 사람의 자산(fortunes)*은 개인적 투자의 직접적 성과로 간주된다.

　　모든 사람이 속할 수 있는 광범위하고 점점 더 글로벌해지는 중산층의 이미지는, 마음 깊은 곳에서 모두가 준 자본가라는 점을 암시할 때 외에는 노동자 대(對) 자본가와 같은 분열적 범주를 제거해버린다. 그것은 또한 젠더, 민족, 인종, 국적, 종교와 같은 잠재적으로 분열을 일으킬 수 있는 다른 범주들의 경계를 약화시켜, 중산층의 동맹과 경쟁이 이러한 분열이 놓인 경계를 뚫고 초월하게 만들어 사람들이 사회에서 자신의 위치를 사적 이익에 따라 재정립하게 이끈다.[4] 그것은 점점 더 많은 사람이 접근할 수 있는 다양한 소비 품목을 통해 여러 가지 구별이 검증되고 정체성이 번성하게 되는 한에서만 다양성을 수용한다. 동시에, 경쟁적인 소비와 생활방식, 투자를 장려하여 어떤 것이 이익이 되는지

---

* 이 책의 핵심 단어인 "fortune"과 "asset"은 "자산"으로 번역하였다. 다만 "fortune"의 경우 문맥에 따라 "부(富)"로 번역하기도 하였다. 또 다른 핵심 단어인 "property"는 "재산"으로 번역하였다. 저자는 "재산"과 "자산"을 엄밀하게 구분하여 정의하고 있지 않지만, 역자가 보기에 "재산"은 "유형 혹은 무형의 경제적 가치가 있는 것"을 포괄적으로 이르는 반면 "자산"은 "재산을 획득하기 위해 적극적인 노력을 기울여 얻은 것"을 이르는 것으로 보인다. 다시 말해, "노력을 통해 얻은 재산"이 바로 "자산"인 것이다.

표시하고 상대적으로 불이익이 되는 것을 피하게 이끌면서 불평등을 심화시킨다.

중산층이라는 것(middle classness)은 지출을 줄여 일종의 즉각적 즐거움을 포기하고, 내구자산의 구입을 위한 자금을 빌려 마음의 평화를 잃으면서, 미래에 이런 박탈된 것들에 대한 보상을 받기 위해 우리가 할 수 있는 한 최선을 다해 일을 하여 우리의 운명을 책임진다는 것을 의미한다. 이는 우리의 불행이 결과적으로 가용한 시간, 에너지 및 자원을 우리가 잘못 사용했거나 불충분하게 사용한 결과라는 것을 의미한다. 그때의 사회는 서로 자기 잇속만 차리는 투자에 때로는 동맹자로서, 때로는 경쟁자로서 연루되는 무수한 개인들의 집단에 지나지 않는다. 그리고 그때의 제도는 일하는 투자자들 각각의 혹은 그들의 결합된 권력과 선호(preferences)의 실현이다.

만약 우리가 이런 생각에 공감한다면, 또는 더 일반적으로 우리의 행동이나 감정 속에서 이러한 생각을 무분별하게 표현하고 있다면, 이는 그런 생각이 우리의 삶의 리듬 속에, 우리가 이용하는 기관 속에, 그리고 우리의 활동이 조직되는 제도 속에 자리하고 있기 때문이다. 또 예를 들어, 임차인보다 임대인이 그러하듯이 더 많이 투자한 사람이 더 적게 투자한 사람보다 이익을 볼 때, 종종 그런 생각이 일시적이고 상대적인 보상으로 실제 확인되기 때문이다. 하지만 만약 우리가 의혹을 품는다면, 그런 생각은 우리가 이용하는 기관과 운용하는 제도가 더 이상 그렇게 원활하게 기능하지 않을 때, 그리고 투자 주도적인 자기 결정(investment-driven self-determination)*이 제시한 보상으로 이어지지 못할 때 깨질 가능성이 크다. 철학자 G. W. F. 헤겔은 미네르바의 부엉이는 황혼 녘에 날아오른다고 쓴 것으로 유명한데, 그 말은 일이 일어난 이후에야 우리는 그 뜻을 이해하기 쉽다는 의미이다. 이 경우에, 비판의 시간은 중산층의 이상이 저물어갈 때, 즉 한목소리로 그 쇠퇴를 한탄할 때 시작된다. 이 책에서 설명하겠지만, 그 시간은 최근 수십 년간 성장한 세계 금융의 지배와 모두 관련되어 있다. 금융의 지배는 중산층이라는 지위를 새롭게 자유화된 경제에 수출하는 동시에, 오랫동안 중산층이 지배적이라고 여겨져 온 국가들에서

---

* "투자 주도적인 자기 결정"은 이 책의 핵심 개념 중 하나이다. 이는 저자가 말하는 중산층 이데올로기와 같은 것으로, 사람들은 자신의 자유로운 선택과 결정에 의해 투자를 한다고 생각하고, 그 투자의 결과를 자신이 한 선택의 결과로 자연스럽게 받아들이는 메커니즘을 말한다. 다시 말해, 사람들은 자신의 자발적인 의지에 따라 당장의 소비를 줄이고 절약을 하여 미래를 위해 투자한다고 생각한다는 것이다. 하지만 저자는 이러한 투자 주도적인 자기 결정은 자본주의 사회가 축적을 위해 은밀히 강요한 구조적 제약에 불과하며, 이러한 제약은 이데올로기의 형태로 우리의 일상생활 속에 스며들어 있다고 밝힌다. 우리는 결코 자기 결정에 의해 투자를 하는 것이 아니며, 투자를 가장한 자기 결정은 사람들이 자본주의적 착취에서 눈을 돌리게 만든다. 이 개념에 대해서는 이어지는 본문에서 자세히 다루어진다.

가계 재원을 압박하고 있다.

그러므로 이 책에서 포괄적인 "우리"를 다루기로 한 나의 결정이 사람들 사이의 실제적 차이에 대한 나의 무지나 경시를 나타낸다고 생각하지 않길 바란다. 매우 다른 조건하에 살고 있고, 자원을 통제할 수 없고, 투자의 결과로 더 나아질 (혹은 더 나빠질) 가능성이 희박한, 즉 이 책의 기반이 되는 그 어떤 전제도 공유하지 않는 사람들이 많다는 것을 나는 알고 있고, 이에 감사한다. 오히려 이런 형태의 접근은 투과성이 높고 팽창하는 중산층의 이미지를 만들어내고 대중화시켜 그것을 그럴듯하게 만든 구조적 힘을 진지하게 받아들이려는 나의 결정으로부터 나온 것이다. 나의 의도는 이런 그럴듯함을 관련 있는 사람들, 예를 들어 이 책을 읽고자 하는 사람들을 위해 조목조목 따지고 분석하려는 것이다. 나는 적어도 여러분이 나와 마찬가지로 교육에 대한 투자로 만들어진 산물일 거라고 생각한다. 여러분은 더 많은 것을 배우기 위해 시간과 돈을 바치고, 이러한 노력의 장기적인 중요성을 암묵적으로 믿고 있다고 말이다. 이런 종류의 투자를 하는 독자들에게 직접 이야기하면서, 나는 우리가 공통적으로 가지고 있는 다른 어떤 것을 활용하기를 바란다. 그것은 바로 우리가 지닌 일반적 통념을 반성하는 성향이다.

우리가 지금껏 해왔고 미래를 위해 계속하고 있는 신중한 투자에도 불구하고 우리 가운데 많은 사람이 불안정하고 어려움을 겪고 있는 상황에서, 중산층의 약속은 더이상 신뢰할 수 없는 것으로 보이며, 실제 많은 사람이 이미 하고 있듯이 이에 대해 의심할 적기(適期)에 이르렀다. 하지만 의혹을 품은 사람들은 다양한 형태를 취한다. 일부 사람은 세계 금융시장과 금융상품에 대한 대중적 접근을 통해, 중산층이 받는 금욕의 구속에서 우리가 벗어날 수 있고, 우리의 재산(property)과 교육에 대한 신중한 소비와 집적으로부터 나오는 안정과 점진적 발전에 대한 기대를 넘어서 오히려 **한몫**(*A piece of the Action*)[5] 챙길 수 있다는 사실에 기뻐한다.

재정에 관해 조언하는 문헌들은 우리에게 금융시장에 과감히 빠져들라고 권하는데, 이런 책 중에서 21세기 전환기에 나온 로버트 기요사키의 베스트셀러『부자 아빠 가난한 아빠: 부자들이 자녀에게 돈에 관해 가르치는 것-빈곤층과 중산층은 하지 않는 것!*Rich Dad Poor Dad: What the Rich Teach Their Kids about Money—That the Poor and Middle Class Do Not!*』[*]만큼 눈부신 성공을 거둔 책은 없다.

---

* 로버트 기요사키,『부자 아빠 가난한 아빠』, 형선호 역, 황금가지, 2001. 20주년 특별

기요사키는 두 아버지로부터 받은 조언을 비교한다. 첫 번째 아빠는 대학교수인데 자신의 집을 가장 큰 자산(asset)으로 여겼고, 급여 인상과 퇴직연금, 의료 혜택, 병가, 휴가일, 그 밖의 특전 등에 관해 늘 조바심쳤다. 그는 지속적 고용을 보장하는 대학의 종신재직제도를 좋아했다. 그는 아들이 공부를 열심히 해서 좋은 회사에 근무하기를 바랐다. 그리고 그는 평생 재정적으로 힘들어했으며, 지불해야 할 청구서들을 남긴 채 세상을 떠났다. 두 번째 아빠는 가까스로 8학년을 마쳤지만, 하와이에서 가장 부유한 사람이 된 기업가였다. 그는 중산층 아빠에 대한 충고를 따르려는 사람을 착유(搾乳)할 준비가 된 소에 비유하였다. 부자 아빠는 돈이 어떻게 움직이는지 배우고, 자산을 자주 그리고 요령 있게 사고팔며, 항상 새로운 돈을 벌 수 있는 기회를 찾으라고 조언하였다. 이 두 번째 아빠는 그 책에서 중산층의 과묵으로부터 독자를 끌어내어 재정적 위험과 재산에 열의를 가지게 만든 숨은 영웅이다.

그러한 책들은 단연코 비판적인 "우리"를 위해서가 아니라, 중산층 이데올로기의 실패를 알아채고 모든 필요한 물건을 계속 생산하고 모든 필요한 서비스를 계속 제공하려

기념판, 안진환 역, 민음인, 2018.

는 미친 군중을 넘어서고 싶어 하는 야심 찬 "나"를 위해 쓰인 것이다. 그러한 책들은 시스템을 이용해 승산 게임을 하는 것보다 왜 시스템이 실패하였고 어떻게 이를 고칠 수 있을지 알아내는 것에 더 집중하는 최근 쏟아져 나오는 연구들과는 극명한 대조를 이룬다. 그러한 책들은 특별히 미국에만 한정적인 것이 아닌 중산층의 몰락을 진단하면서, 이를 실질임금 상승의 정체, 공적 지원의 감소, 일자리의 자동화, 보건 및 교육비용의 상승, 투기적 금융과 기업 이익의 무제약적인 힘, 금융 위기에의 취약성, 부당한 수수료와 불공평한 세금 부담 등에 기인한다고 본다.[6] 그들은 중산층을 괴롭히는 것으로 진단한 곤경들에 대해 비판적이면서도, 그 구성원으로 알려진 이들의 삶을 지배하는 제도의 논리에 대해서는 거의 문제를 제기하지 않는다. 오히려 그들은 안정과 번영이라는 지켜지지 않은 약속의 책임을 제도 외부에서 찾는다. 그들이 제안하는 개혁안은 평상시 중산층이 부동산과 보험, 교육에 한 투자가 과거 그들이 거두었던 정도까지 성과를 거두게 하자는 것이다.

인류학자들은 순수한 개념이론가들보다 한 가지 중요한 이점을 갖는다. 인류학자들은 무엇이 인간의 경험을 구성하고, 이 경험들이 어떻게 합쳐지는가에 대한 광범위한 이해에 기반한 문화기술지 연구를 통해 서로 분리된 것으로 보이는 제도들, 주로 정치적·법적·경제적 제도와 문화와 생활방식, 신념과 연관된 제도들 간의 상호연관성을 인식할 가능성을 갖는다. 이 가능성은 중산층을 존재하는 것으로 명명하는 이데올로기가 그 자체로 경제와 정치, 문화의 단층선을 가로질러 현현하기 때문에 당면한 문제에 큰 가치를 가지는 것으로 판명된다. 인류학자들은 일반적으로 중산층이라고 알려진 구성원들의 이질성을 나타내기 위해 그들을 다원적으로 논한다. 다양한 국가와 환경에 있는 이 집단들 사이에서 진행한 광범위한 현장 연구를 토대로, 인류학자들은 그 집단들의 사회적 관계와 주관적 경험을 그들이 지배받는 제약을 전달하는 방식으로 설명한다. 인류학자들은 특히 그들의 노동 패턴, 소비 패턴, 정치행동 패턴에 주의를 기울인다. 그런 다음 이런 패턴들이 국내 및 세계시장에서 발생하는 압박 및 기회와 어떻게 연결되는지 추적한다.[7]

나는 위와 같은 인류학자들의 통찰력으로부터 많은 도움을 받았고, 나의 분석은 그들 연구에 토대하고 있다. 그럼에도 불구하고 나는 다른 각도에서 중산층에 접근하고자 하는데, 이는 바로 내재적 비판(immanent critique)이다. 학자들은 그간 다양한 효과에 대해 내재적 비판을 사용해왔는데, 그들의 전제는 어떤 범주나 제도를 외부에서 비판하기보다는(외부적 비판은 우리가 문제제기하는 것에 우리가 적극적으로 참여하는 한 어떤 식으로든 불가능하다) 내부에 내재된 긴장과 모순을 밝혀내는 것이 그것을 더 충분히 파악할 수 있게 한다는 것이다. 그렇게 하기 위해서는, 우리가 밝혀내고자 하는 것을 전략적으로 액면 그대로 받아들이고, 그런 다음에 그 자체의 논리가 흔들리는 곳을 찾기 위해 그것이 세상이나 사람들의 삶 속에서 작동하는 방식을 살펴본다. 인류학은 문화기술지 현장 연구라는 전형적인 연구방법론 때문에 내재적 비판에 친화적이다. 이 방법은 사물이 정의되고 기술되는 일반적인 방법을 도출하고, 이를 시간에 따라 그리고 해당 제도 내의 특정한 환경 속에서 활동하는 사람들에 대한 면담자료 및 관찰내용과 삼각관계에 놓고 분석한다 (triangulate). 이런 방법은 거의 항상 제도들의 공식적·이념적 논리, 사람들이 그 제도의 틀 속에서 하는 일, 그리고 그들의 행동이 낳는 결과 사이에 발생하는 수많은 긴장을 표면화한다.

　　모든 범주와 제도들이 특정 집단의 특정한 목표를 달성하기 위해 특정한 시점에 설계되어 있는 한 그러한 긴장은 불가피하다. 이는 그들 중 가장 성공한 사람이 목적이나 기원이 전혀 없는 것처럼, 즉 중립적이고 의심할 여지가 전혀 없는 것처럼 보편성과 상식의 외관을 가정할 때에도 유효하다. 역사적 우발성의 그러한 사물화[thing-ification, 학자들은 때때로 이를 본질화(essentialization) 혹은 실체화(reification)라고 부른다)는 이데올로기가 열망할 수 있는 가장 큰 힘이며, 이는 이데올로기를 이의를 제기할 수 없는 삶의 사실로 보이게 만든다. 하지만 바로 그 생각은 불가능성에 근거하고 있다. 서로 다르고 복잡하며 성찰하는 사람들로 이루어진 세상 속에서는, 그 어떤 목적도 때때로 그런 적이 있던 것처럼 사물처럼 되어 모든 사람의 생각과 실천에 뿌리박을 수는 없다. 따라서 그 긴장과 모순은 도출되어 해체되어야 한다.

이것이 내가 이 책에서 취하는 접근법이다. 나는 제1장에서 자본주의와의 관계에서 중산층의 범주를 면밀히 검토해볼 것이다. 그런 다음 이 범주에 내재된 전제와 기약을 폭로하기 위해 이를 제도와 연관 지어 살펴보는데, 제2장에서는 사유재산제도와, 제3장에서는 인적 자본과 연관 지어 분석한다. 제4장에서는 일반적으로 중산층과 관련되어 있는 정치적 특성과 가치에 대해 기술한다. 그리고 결론 부분에서는 논의를 다함께 엮어 정리하고, 몇 가지 남은 맥락을 짚어 본다. 이 책에서 나는 이스라엘과 독일에서 내가 직접 수행한 문화기술지 연구들과 다른 연구자들이 세계 다른 곳에서 수행한 연구들을 실례로 제시한다. 이러한 탐구는 내가 이 책에서 공식화한 결론을 드러내는 계기가 되었다. 그럼에도 불구하고, 나는 이 책의 대부분을 나의 주장을 개념적으로 발전시키는 데 할애하였고, 문화기술지 자료는 설명만을 목적으로 하여 조금씩 삽입하였다. 글로벌 중산층으로 섭외된(cast) 사람들의 삶과 경험을 다룬 문헌은 상당히 광범위하고 여전히 증가하고 있다. 나는 그렇게 지정된 집단과 진정한 중산층 정신에 대해 더 많이 알고자 하는 사람들이 그에 맞는 적절한 투자를 할 수 있도록, 미주에 그런 연구들 중 우수한 연구 몇몇을 골라 소개해두었다.

제1장
우리가 중산층을 이야기할 때
말하는 것들

중산층(middle class)에 대해 이야기할 때, 우리는 무엇을 말하는가? 이 단어에서 중요한 부분은 "계급(class)"이 아니라 "중간(middle)"이다. "중간"은 상층부와 하층부를 오가는 사람들로 이루어진 단계적인 위치(position)들의 스펙트럼을 연상시킨다. 중산층의 중간성(middleness)은 공간을 암시한다. 우리는 사회적·경제적으로 더 높은 위치나 더 낮은 위치에 있는 사람들에 비하여 상대적으로 움직이며, 어떤 위치에 가까워졌다가 또 다른 위치에 가까워지기도 한다. 또한 중간성은 특정한 시간 안에서의 이동을 암시한다. 즉, 일생에 걸쳐 우리가 올라가거나 내려갈 수 있다는 것을 인식한다. 우리 가족의 자손들도 우리처럼 오르락내리락하는 궤적을 계속 밟거나 더 크게 변화할지도 모른다. 끊임없는 우리의 이동은 불안정을 나타낸다. 중산층은 때로는 손에 닿을 듯한 번영에 이끌린 야심 찬 집단으로, 때로는 하락의 공포심에 시달리는 불안정한 집단으로 이야기된다. 사회비평가 바버라 에런라이크(Barbara Ehrenreich)의 말처럼 중산층은 덧없는 것이다. 중산층은 자신의 사회적 위치를 주장하고 유지하기 위해 끊임없는 노력을 해야만 한다.[1]

우리가 중산층에 대해 말할 때 "중간"에 대해서는 목소리를 높이는 것과 달리 "계급"에 대해서는 목소리를 낮춘다. 사실 일부 이론가들의 지적처럼 "중산층"을 이야기하는 것이 "계급을 전혀 이야기하지 않는 것"과 같을 정도로 계급은 경시된다.[2] 이론가들은 한 집단이 중산층으로 인정된다 해도, 중산층이라는 것은 확고하게 자리 잡은 정체성(인종, 종교, 국적, 젠더 혹은 성적 지향성 등과 비교해보라)도, 집단 구성원들에 대한 공감대도 형성하지 않는다고 지적한다. 그러한 이유 가운데 하나는 주인-노예, 영주-농노, 더 강력하게는 자본가-노동자와는 달리 중산층에게는 뚜렷한 적대관계에 있는 계급이 없기 때문이다. 도리어 중산층은 응집력 있고 확실히 구별되는 집단을 단절된 개인들로 구성된 다중(multitude)의 이미지로 바꿔버린다. 그들 각각은 개인의 역사와 욕구, 운명을 완전하게 갖추고 있어서, 마치 어떠한 확립된 정의도 그들이 누구이고, 무엇을 하며, 어떻게 살아나

갈지를 포착할 수 없는 것처럼 보인다.

더욱이, 최근 수십 년 동안 우리는 사회가 아주 단순하게 중산층과 다른 계급들로 구성된다고 생각하게 되었다. 이러한 인식 속에서 "중산층"은 정상 상태(normality)를 의미한다. 즉 특별한 변동 없이 자립하여 종래의 방식대로, 말하자면 체계적으로, 독립적으로, 그리고 (예외적인 상황을 제외하고는) 점진적으로 발전하거나 쇠퇴하는 개인들을 정상이라고 여긴다. 이것은 투자와 보상 또는 그들의 타성과 그에 따른 불이익의 일반적 속성을 반영한 것으로 보인다. 중산층의 바로 위에는, 대중적 상상력에 따르자면, 상승을 위해 노력할 필요도 없고 하락에 대한 위험을 느끼지도 않는 느긋한 엘리트들이 있다. 반면 중산층의 바로 아래에는 선진국을 기준으로 보면 복지에 의존하며 빈둥거리는 하층계급들과 주변부 사람들이 있고, 더 넓게 보면 궁핍한 대중이 있으며 이들 모두는 불행에 얽매여 있는 듯이 보인다.

개인의 자기 결정(self-determination)이라는 계급 중립적인 규범으로 규정된 중산층 개념은 "계급"이 의미하는 바를 부정한다. 그것은 간접적이고 비인격적인 힘들이 우리의 사회적 위치의 경계를 정할 수 있다거나 혹은 우리가 가질 기회와 누릴 삶의 질을 정할 수 있다는 생각을 거부한다. 계급은 인종, 젠더, 종교와 같은 범주에 비해 우리 삶의 외부적 결정을 훨씬 강력하게 나타낸다. 왜냐하면 사회적·경제적 기회들이 계급 개념에 내재하고 있기 때문이다(말하자면, 인종 집단이나 젠더 집단의 구성원들이 특정한 시공간에서 행사되는 인종주의와 성차별주의의 인지하기 쉬운 힘에 의해서 특정한 운명에 처하게 되는 것과는 대조적이다). 계급을 거부하거나 중산층임을 주장하는 것(결국 같은 것이지만)은 우리의 인생에서 성공 기회들이 자신의 열망과 능력, 그리고 무엇보다도 노력보다는 다른 것에 의해 만들어질 수 있다는 생각을 일축하는 것이다. 그리고 중산층은 이를 열광적으로 수행한다.

중산층이 될 가능성은 사회이동(상승과 하락 모두)이 우리 자신의 몫임을 암시한다. "중산층"이 지시하는 대상을 찾는 것은 아주 까다로운 일인데, 왜냐하면 그 "중산층"의 경계들이 매우 유동적이기 때문이다. 사실, 그 경계들은 사회이동을 가능하게 하기 위해서 유동적이어야 한다. "중산층"은 끝없는 능력주의를 상징하며, 투자하는 이들에게는 중산층으로의 진입을 약속하고 투자하지 않는 이들에게는 하락으로 위협한다. 만족을 미루고, 비축하기 위해 소비를 절제하고, 부채에 따른 위험과 책임을 떠맡고, 교육과 훈련, 집과 저축상품과 연금에 투자하는 것, 이 모든 것이 중산층의 상승전략이자 계급 하락을 예방하기 위한 전략이다. 중산층이라는 것은 그 누구라도 변덕스럽거나, 게으르거나,

열망이 부족하면 하락할 수 있는 것처럼, 그 누구라도 노력, 주도성, 희생으로 계급 상승을 할 수 있다고 암시한다. 이것은 우리가 자신의 운명의 주인이며 운의 지배자임을 표명한다. 이는 마찬가지로 동료의 눈에 비치는 우리의 모습에도 강력하게 적용된다. 만약 우리가 성공하면 그건 우리가 열심히 노력했기 때문이고, 실패하면 그 누구도 아닌 자신의 탓인 것이다.[3]

만일 이것이 "중산층"이 의미하는 바라면, 그것은 어떤 목적을 지니는가? 우리는 정치인이나 정책 전문가, 기업이나 마케팅회사들, 개발기관이나 금융기관 같은 "중산층"의 가장 열렬한 신봉자들을 살펴보면서 이 질문에 대한 대답을 시작할 수 있을 것이다. 이들은 모두 중산층에 대해서 민주주의, 진보, 소비 주도 경제성장의 선구자라는 설교를 늘어놓는다. 이들은 중산층의 확대를 모색하거나 또는 중산층의 이익과 취약성을 대변할 때, 뚜렷하게 다르고 때로는 상충하는 감정과 의제들을 가진다. 하지만 자본주의에 대한 애착이 거의 인정되지 않을지라도, 그들은 각자의 목적 성취를 위해 자본주의의 작동에 의존한다는 점에서 서로 같다.

소위 부르주아의 미덕에 대한 가장 학문적인 옹호는 경제학자 디어드리 맥클로스키(Deirdre McCloskey)에 의해 여러 권의 책으로 장황하게 이루어졌다. 그는 중산층에서 정직함부터 더 풍부한 사회적, 정서적, 심지어는 영적인 삶에서 나타나는 다양한 종류의 정체성까지 모든 것을 찾는다.[4] 주민들이 집 문을 잠가본 적이 없다고 자랑하는 부유한 지역을 방문해본 사람이라면 누구나 특권이라는 이름 자체가 도덕성을 가지는 게 얼마나 불쾌한 일인지 알 것이다. 하지만 맥클로스키처럼 영민한 사람이 여러 가지 미덕을 그것을 행사하는 데 요구되는 막대한 특권과 구별할 수 없다고 여긴다면, 그는 자본주의가 옳다고 말하고 있는 것이다. 그는 이 자질들과 감정들이 우리 모두에게 주어지는 경제성장의 전리품이라고 믿는다. 부르주아의 미덕을 소유한 사람들이 더 많아질수록, 이미 수십억에 이르는 더 많은 사람들의 삶이 비슷하게 풍요로워질 것이라고 믿는다.

문예 비평가 프랑코 모레티(Franco Moretti)[5]는 맥클로스키가 "부르주아지"라고 부른 것을 "중산층"으로 다시 바꾸고, 19세기에 이르러 "중산층"이 사회이동의 의미를 더 폭넓게 함축하기 때문에 기존의 엄격했던 범주를 대체하게 되었다고 말한다. 이를 염두에 두면 우리는 맥클로스키가 중산층이 자본주의의 주인공이자, 행위자이며, 그들의 미덕이 자본주의의 미덕이요, 그들의 해방이 부자들의 확산을 나타낸다고 말하고 있다는 것을 이해할 수 있다. 모레티는 이어서 맥클로스키가 중산층 구성원들에게 부여한 정직성이 자본주의 시장의 음모와 얼마나 잘 어울리는지 관찰한다. 경제시스템의 이상적인 행위자들이 보상을 누리기 위해서는 규칙을 준수하기만 하면 된다. 그렇게 이로운 체제와 겨룬다고 해서 얻는 것은 하나도 없기 때문이다.

이러한 통찰에서 나아가 "중산층" 범주를 판독할 만한 분명한 시작 지점은 자본주의가 어떻게 작동하는지, 그리고 그것이 만들어낸 결과들을 검토하는 것에 있다. 그렇다면 이제, 자본주의 안에서의 중산층의 목표를 미리 알 수 있는 자본주의의 여러 모습들의 윤곽을 간략하게 그려보자.[6] 맥클로스키는 건전한 경쟁에서 벗어나 풍부한 파급효과(밀물은 모든 배를 띄운다는 유명한 파급효과)*와 함께 시장을 성장시키는 진취성과 기업 활동을 장려하는 사익 추구 행위라는 진부한 개념을 넘어서서 자본주의를 규정하기를 거부한다. 자본주의의 한 가지 특징에서 출발하는 것이 더욱 도움이 되는데, 그 특징이란 생산과정의 자본주의적 토대는 거의 예외 없이 중앙에 의해서 계획되거나 조정되지 않는다

---

* "밀물이 모든 배를 들어올린다"는 표현은 경제성장이 모든 사회 구성원들을 이롭게 한다는 의미로 사용된다. 1963년 미국 케네디 대통령이 자신의 연설에서 이 표현을 사용하면서 유명해졌는데, 이 표현은 주로 기업에 대한 감세 정책과 같은 친기업·친시장의 경제정책을 옹호하면서 자주 사용된다.

는 것이다. 이전의 사회적·경제적 체제나 대안적 체제와는 달리, 자본주의에서 생산은 일반적으로 사람들이 민주적 절차나 전제주의적인 명령을 통해서 일부 사람들이나 모두에게 필요하다고 결정한 것을 충족할 만큼의 재화와 서비스를 생산하도록 설계되지 않는다. 그보다는 모두가 자신이 원하는 것을 자유롭게 생산할 수 있어야 하며, 생산자 간의 경쟁이 각 기업의 성패를 좌우한다.

자본주의를 지지하는 이들은 이 성패가 궁극적으로 생산자들이 수요를 얼마나 잘 충족시키는지를 반영한다고 말한다. 어떤 재화나 서비스도 사람들이 구매하고 싶을 만큼 원해야만, 결국 생산된다는 것이다. 그렇지 않다면, 그 생산자들은 파산할 것이다. 재화 및 서비스에 대한 욕구는 기업가들에게 생산으로부터 이윤을 얻을 수 있다는 신호를 보내며, 그 결과 이 상품들은 수요에 따라 생산된다. 대중의 수요와 욕구는 시장 메커니즘의 자유로운 작동에 의해서 조정되는 것은 아니지만, 겉보기에는 그렇게 보인다. 이 추론 방식이 간과하는 것은 설령 결정적으로 충분한 구매력이 뒷받침된 대중의 수요가 어떤 단일 기업의 판매 품목을 근본적으로 경계 짓는다 하더라도, 그것은 생산 이후에나 그렇게 한다는 것이다. 다시 말해, 수많은 기업가들을 폐업시킨 이후에, 과잉생산물이 폐기되도록 한 이후에, 그리고 다양한 수요들을 충족시키지 못한 이후에나 그렇게 할 수 있다.

중요한 점은 이 결과들이 생산자가 수요를 정확하게 예측하는 데 실패해서 생긴 일이 아니라는 것이다. 오히려 그 결과는 만성적인 과잉생산을 발생시키는, 바로 그 자본주의 체제의 논리를 분명하게 나타낸다. 폐업을 피하기 위해서 생산자들은 생산력에서 경쟁자를 앞질러야 하고, 경쟁자보다 싸게 팔아야 한다. 이러한 경쟁의 압박은 기업을 움직이는 동력이다. 그러므로 결국 생산되는 것들은 필요나 욕구를 충족하기 위한 것이 아니다. 도리어 그것들은 순순히 비용을 절감하고, 가격 인상과 대체, 갱신에 이바지하고, 개인적으로 의미 있는 세세한 구별들을 통해 수요를 유도하여 시장에서 지분을 챙길 수 있도록 고안되었다. 식료품이나 오락부터 브랜드와 패션, 그리고 다양한 전문 서비스까지, 그 결과로 나타나는 상품들의 과잉은 우리의 지갑을 놓고 경쟁한다. 보통 우리는 그 상품들이 필요하지 않으며, 더 일반적으로는 생산자들과 유통업자들이 상품을 우리의 목구멍으로 밀어 넣으려고 치열하게 노력한다 해도 우리는 그렇게나 많은 상품을 살 수 있는 여유가 없다.

다른 생산자들에 대한 경쟁적 우위를 점할 수 있는 수준의 생산성을 달성하려고 노력할수록 전체 생산과정은 변화한다. 생산성 향상을 위한 노력은 생산물을 다양화하고 공급 속도를 높이는 혁신적인 기술을 포함하며, 동시에 수많은 일자리를 없애고, 남은 노동자들을 최대한으로 쥐어짜낸다. 이는 경제의 상품 과잉을 발생시키는데 요구되는 총 노동시간이 점점 줄어들면서 생기는 자본주의의 역학을 설명해준다. 또한, 어떤 사람들은 사랑하는 이들을 볼 시간도 없이 열심히 일하지만, 같은 기술을 가지고도 실업, 불완전고용, 빈곤을 겪는 사람들이 많이 있다는 사실도 설명해준다. 전 지구적 차원에서 고려해볼 때, 자본주의의 특징은 상상할 수 없을 정도로 많이 생산되고 나서 버려지는 물건들과 동시에 극심한 궁핍과 생필품을 얻기 위한 만연한 투쟁 사이의 격차, 또는 몹시 고된 과로를 겪는 사람들과 동시에 실업으로 무기력한 상태에 있는 사람들 사이의 심각한 격차라고 할 수 있다.

생산이 계속 이루어지게 하기 위해서 (그리고 상품의 생산, 유통, 판매를 활성화시킬 기계 및 서비스의 보조 공급자들과 금융업자들, 그리고 노동자들을 계속 고용하기 위해서), 이 과정을 작동시키는 이들은 사업에서 망하지 않도록 재투자해야 한다. 그러나 사업상의 다양한 노력에 대한 위험을 감수하고, 그러한 노력을 장려하기 위해서는 그로부터 잠재적으로 이익도 얻어야 한다. 그래서 경제는 기업에 활력을 주고 다양한 사업 및 산업 부문에서 경쟁을 장려하기 위해서, 쉽게 이용하고 충분히 사용할 수 있는 물리적 자원과 물질적 자원, 금융자원을 가지고 있어야만 한다. 이 접근성을 보장하기 위해서는 전 세계적으로 잉여가치(surplus)*가 끊임없이 축적되어야 한다.

비유기체적 체제(inanimate system)는 의도적인 목적을 가질 수는 없지만, 그 체제가 나아가고 있는 목표의 관점에서 보면, 일종의 내적 동학을 가질 수 있다. 자본주의에서는 축적이 그 목표이다. 자본주의의 누적된 과잉은 잉여가치라고 불리는데, 전 지구적으로 축적되는 자본이 그것이 유래하는 활동들에 유익하게 투자될 수 없기 때문에, 혹은 사람들이 사용할 수 있거나 누릴 수 있는 형태로 사회에 다시 흡수될 수 없기 때문에 발생한다. 그렇지만 잉여가치는 과잉생산으로 인해 항상 발생하며, 그 일부를 이윤으로 착복할 수 있을 것이라는 예상은 기업가의 위험 부담을 장려한다. 결국 그와 같은 이유들로 잉여가치를 유도하는 기업가들 사이의 경쟁을 활성화하기 위해서, 사람들이 접

---

* 이 책에서 자본주의와 관련해 사용되는 용어인 "surplus"는 "잉여가치"로 번역하였다. 통상 "잉여가치"는 "surplus value"로 표기되는데, 저자는 동일한 의미를 나타내면서도 "surplus"를 사용한다. 잉여가치는 임금노동자의 노동력 가치를 초과하여 창출된 가치로서, 자본가들에 의해 대가 없이 전유된다. 잉여가치의 생산과 전유는 자본주의 생산양식의 기본적 생산관계와 동학을 표현하는데, 저자 역시도 이와 같은 관점에서 자본주의를 분석하고 있다.

근하거나 가질 수 있는 재화 및 서비스는 제한되어야 한다. 마찬가지로 이윤이나 수익에 체현된 잉여가치 또는 미래의 이윤이나 수익에 대한 기대 속에 체현되는 잉여가치는 훨씬 더 많은 상품을 생산하는 데 재투자를 촉구할 만큼 충분해야 한다.

자본주의 시장에서 일반적인 규칙은 물건들이 무력이나 도둑질 없이 자유롭게 등가의 다른 물건들로 교환되는 것이다. 자유 및 등가 교환의 조건에서 잉여가치는 오직 한 가지 방법 즉, 노동의 대가로 받는 급여의 가치보다 노동자들이 상품과 서비스의 형태로 더 많은 가치를 생산할 때 발생할 수 있다. 카를 마르크스(Karl Marx)는 이것을 착취라고 불렀는데, 그 누구도 고의로 다른 누군가에게 해를 입히지 않는다 해도, 또 고용주들이 피고용자들만큼만 행복하거나 불행하다 해도 노동은 완전하게 보상받지 못하기 때문에 발생한다. 노동자들이 상품을 생산할 때 기여하는 가치는 직업의 명망과는 상관없이, 그들이 임금으로 구매할 수 있는 물건의 가치보다 훨씬 크다. 그리고 그들이 얼마를 벌건, 심지어는 고임금을 받는다 해도 노동자들은 그 이상을 생산에 기여하고 있다. 그렇지 않으면 아무도 노동자를 고용하지 않을 것이고, 임금을 지불하지 않을 것이다.

게다가 노동소득(earnings from work)은 일반적으로 (아주 예외적인 경우를 제외하고는) 노동자가 일을 완전히 그만둘 만큼 충분하지는 않다. 그렇지 않다면 경제의 잉여가치를 생산할 노동자가 충분하지 않을 것이다. 마지막으로 노동소득은 (예외를 제외하면) 많지는 않더라도 그 사회에서 받아들여지는 수준으로 노동자와 그 가족의 의식주, 건강, 교육, 훈련에 자금을 대기에 충분해야 한다. 그렇지 않으면 그 경제의 노동인구는 노동도, 잉여가치 창출도 할 수 없을 것이다. 노동에서 부불 가치를 추출하여 이윤 및 이익으로 체현하는 자본주의적 축적은, 성장으로 완곡하게 표현되면서 보이지 않게 된다. 그것은 잉여가치에 진보라는 긍정적 기운을 부여하고, 인간의 희생에서 눈을 돌리게 한다.

독립적 생산자 사이의 경쟁은 수익성 있는 재화 및 서비스의 생산과 유통을 저해하거나 늦추는 장벽을 줄이는 방식으로 전체 생산과정을 변화시킨다. 소규모 산업은 큰 산업으로 성장하거나 사라진다. 기업은 기술을 고도화하여 비용을 절감하고, 그렇게 하지 않을 경우에는 폐업을 한다. 국민경제는 살아남기 위해서, 그리고 (보다 강력한 국민경제의 경우에는) 비교적 약한 국민경제에서 이윤을 얻기 위해서 (불균등하게) 세계시장에 통합된다. 잇따른 생산력의 증가는 노동자들이 임금으로 소비하는 의식주, 교통, 기타 재화와 서비스, 이 모든 것을 더욱 저렴하게 생산하게 한다. 적은 돈으로 원하는 물건을 살 수 있다면, 고용주와 고객은 노동자에게 총액과 상대적 가치를 덜 지불할 수 있다. 이는 노동자들의 노동과 서비스가 경제의 잉여가치에 더 많이 기여를 하면서도, 그들은 자신들이 소비하는 것보다 더 많은 가치를 생산하기 때문이다. 그로 인해 자본주의는 느리거나 변덕스럽더라도, 재투자되거나 혹은 상부에 집중되는 엄청난 수준의 부를 발생시킨다. 일부 지역 또는 산업에 종사하는 노동자들이 정치적 혹은 개인적 승리를 통해 진보하거나 축적을 잠시 멈출 수 있다 해도, 노동은 가치를 잃고 고용 조건은 점차 악화되고 불안정해지는 들쭉날쭉한 궤적을 그리게 된다.

그러나 잉여가치가 추출되는 노동만이 자본주의에서 제공받을 수 있는 전부였다면, 자본주의가 가속화되는 것은 고사하고 지금껏 내내 어떻게 그 체제가 온전한 상태로 유지될 수 있었는지를 상상하기는 어려울 것이다. 노동자들이 점차 자본주의에 대해 불만을 제기하면서 그것을 깨부수고, 보다 공정한 생산 및 분배 시스템으로 대체하기 위해 끊임없이 투쟁하지 않는다면, 노동자들이 창출하는 부의 상당 부분은 그들의 손아귀에서 벗어날 것이고, 노동은 언제나 고되고 저임금일 수밖에 없을 것이다. 물론 역사적으로 노동자들은 종종 그렇게 해왔다. 그러나 다른 이들은 반격의 위협 때문에, 그리고 저항을 하면 그들이 잃을 것이 있다고 생각했기 때문에 집단적 투쟁을 피했다. 노동자들이 마침내 스스로 창출한 수많은 사회적 잉여가치의 일부를 축적할 수 있었을 때, 한 가지 중요한 요소가 노동자들에게 고려되기 시작했다.

재화와 서비스는 수많은 사람들과 기계들에 의해서 시공간적으로 각각 분리된 여러 단계들을 통해 생산되고, 결합되고, 유통되므로 그에 대한 어느 한 사람의 정확한 기여도를 계산하기는 힘들다. 그리하여 각 노동자의 임금에 나타난 구매력과 이 상품들의 가치를 비교하는 것도 어렵다. 일반적으로 우리는 그저 노동에 비해 뒤지지 않는 (competitive) 가치를 지불받았다고 생각한다. 우리는 분명 (실제로는 드물지만, 적어도 이론상으로는) 자유롭게 자신의 서비스에 더 높은 가격을 매길 수 있고, 만족스럽지 않다면 자유로이 다른 직장을 구할 수 있다. 물론, 그럼에도 불구하고 우리는 집단적 불이익을 인식할 수 있고, 우리에게 불이익을 주는 체제에 대해 저항을 조직할 수 있다. 하지만 우리가 체제의 규칙에 순응하여 (그 존재와 가치가 우리의 노동과 관련이 없고, 소유하지 않은 사람들보다 한발 앞서게 해주며, 상실하면 재앙이 되는) 무엇인가를 얻는다면, 우리는 곤경을 마주하고도 이를 외면할 만한 이유를 가지게 된다.

마르크스가 자신의 대표작인 『자본*Das Kapital*』에서 계급에 관해 쓸 때, 그는 구조적 관점에서 생산과정에 공급되는 물질적 자원의 소유 및 비소유로 나누어지는 결과가 계급이라고 썼다. 그는 이 구분이 자본과 노동 사이에 적대를 발생시킨다고 보았다. 즉 노동이 적게 지불 받을수록 더 많은 자원은 자본이 착복할 수 있는 잉여가치의 형태로 축적된다. 또 그 반대로 노동의 힘이 강해질수록 노동은 더 많은 잉여가치를 회수할 수 있다. 여기서 마르크스는 노동과 자본을 현실의 노동계급과 자본가계급으로 동일시하지는 않았다. 노동자들의 생활 조건과 계급 정치의 양상에 대한 중요한 성찰이 담겨 있기는 했지만, 그의 접근법은 역사적이기보다는 구조적이며 자본주의 체제의 불투명한 논리를 폭로하는 데 주요한 관심이 있었다. 하지만 우리가 좀 더 역사적으로 접근해 본다면, 노동자들이 사실은 자본가와 관련된 의제들에 관해 마르크스가 묘사했던 자본과 노동 사이의 적대를 모호하게 만드는 방식으로 협력해왔다는 것을 알아챌 것이다. 말하자면, 이것이 중산층의 진정한 목적이다.

　　생계를 위해 일해야 하는 사람으로서 취약하고, 잉여가치를 창출하는 우리 노동이 착취되지만, 우리는 우리가 만들어낸 잉여가치의 일부를 가질 수도 있고, 누릴 수도 있다. 우리에게 이러한 혜택을 주는 제도는 우리의 생계를 독

립적으로 유지할 수 있는 수단을 빼앗은 바로 그 제도, 사유
재산제이다. 자본주의 사회에 살고 있다면, 우리에게는 주
어진 조건하에서 노동하는 것 말고는 아무런 선택의 여지도
없다. 그 조건들은 우리의 노동이 우리가 향유할 수 없는 잉
여가치를 만들어낸다는 점에서 착취적이다. 우리는 더 이상
공유지에 의지해서 살거나 다른 공동의 자원에서 기본적인
생필품을 얻지 않는다. 그러므로 노동의 가치(value of work)
보다 적게 일하는 것만이 우리가 원하고 필요한 것을 살 돈
을 버는 유일한 방법이다.

　　17세기경부터 공유 자원 및 공동 자원은 거대한 저
항에 맞서 대개 무력으로 몰수되었고, 사유재산의 형태로,
즉 일부 사람들만이 소유하고 통제할 수 있는 형태로 분배
되었다. 이 과정은 유럽에서는 서서히 진행되었고, 세계의
다른 지역에서는 식민지적 탈취가 느닷없이 진행되었다. 자
본주의의 시작과 전 지구적 확산은 이전에는 자원을 관리하
는 데 있어 사유재산제도가 존재하지 않았거나 제한적인 방
식으로 이용되었던 곳에서 그 제도가 폭력적으로 도입되면
서 이루어졌다. 전 세계적으로 자원이 이러한 방식으로 분
배되면서 새로운 소유주들이 땅, 원료, 노동 도구와 다른 자
원들을 어떤 상태로 제공하든지에 관계없이 사람들은 생계
를 위해서 일을 할 수밖에 없게 되었다.

그러나 재산권을 보는 또 다른 관점이 있는데, 이 관점은 자본주의를 대변하는 각종 기관 및 기구들에 의해 보급된다. 이 접근법은 모든 사람의 사적 소유권을 명시하고 보호하는 법률 장치를 근간으로 삼는다. 소유권의 범위는 노동자와 그 가족들이 갈망하는 온갖 종류의 것들을 아우르도록 확장한다. 여기에는 집이나 차와 같은 물질적인 것들, 저축통장이나 보험, 연금, 주식 및 채권, 유가증권과 같은 비물질적인 자산, 그리고 훨씬 넓은 범주로 확장해 본다면 대학 학위, 전문기술, 전문 자격증이나 사회관계망과 같이 보통 인적 자본의 범주에 해당하는 것들이 속한다.

우리는 그것들을 소유하는 것이 우리에게 어떤 도움이 될지에 관해 꽤 훌륭한 직관력을 가지고 있다. 사유재산이 나타내는 가치는 우리가 노동을 통해 벌어들이는 가치와는 별개의 것이다. 인적 자본의 경우에는 우리가 더 좋은 일자리를 얻을 수 있게 해준다. 노동자로서 가지는 자산은 재산소유자로서 얻는 자산으로 보완될 수 있다. 이는 그 자산들이 서로 분리되면 반드시 중요해진다. 우리는 고용 축소와 노동 서비스에 대한 수요 감소, 건강이나 가족문제, 또는 단순히 나이가 듦에 따라 소득을 잃을 수 있다. 그러한 곤경에 직면할 수 있기 때문에, 집이나 저축통장, 보험, 또는 대학 학위를 소유하는 것은 새로운 소득을 확보함으로써 손실을 완화할 수 있는 방법이 된다. 그렇지 않으면, 우리는 시장 발전에 따라 우리가 손에 넣었을 때보다 가치가 높아질 수 있는 부동산이나 주식 또는 전문 자격증을 살 수도 있다. 이러한 재산은 이후 우리가 단지 노동소득으로 벌어들일 수 있는 것보다 더 많은 돈을 벌 수 있게 해준다.

　　재산소유자가 되기를 바라거나 또는 이미 재산소유자인 동시에 노동자인 우리는 사회에서 우리의 위치를(혹은 우리를 그렇게 위치시키는 사회를) 단지 노동의 성격과 임금으로만 평가하지 않는다. 또한 우리는 노동자로서 우리가 처한 집단적 곤경을 자신과는 완전히 동떨어진 자산의 본질로 보지 않는다. 그보다는 우리가 사적으로 소유하거나 또는 언젠가는 소유하게 될 것이라 기대하는 모든 것들이 우리의 관심을 강하게 끈다. 노동자로서 우리는 우리의 총 임금이 낮을수록 자본을 대변하는 각종 기관 및 기구들이 우리를 희생시켜 더 많은 이익을 본다는 것을 충분히 알고 있다. 하지만 재산소유자로서 우리는 자본주의 제도들과 더 복잡한 관계를 맺는다. 종종 우리는 미래를 보장하기 위해서 우리가 가진 것들을 활용할 수 있다거나 새로운 재산을 얻어 우리의 앞날을 개선할 수 있다는 것을 알아차리며, 국민경제의 성장과 안정을 응원해야만 한다는 것도 알게 된다. 특히 이 성장이 우리의 재산 및 자산 가치의 증가와 연결될 때,

심지어 이 성장이 원론적으로는 우리의 임금을 희생시켜 축적된 잉여가치에 기반하고 있다 하더라도, 이러한 인식은 유효하다. 이러한 정서를 내면화하면서 축적은 우리를 끌어들인다.

그저 자본주의를 사랑하도록 배우는 것 그 이상으로 사고방식을 변화시키는 것이 있다. 생계를 위해서 일해야 하는 사람으로서, 우리는 노동에서 얻는 소득과 다른 보호 정책들에 의지하기 어렵게 되고, 그에 따른 보상이 줄어들수록 더 많은 재산을 갈망한다. 하지만 재산을 상속받을 만큼 운이 따라주지 않는다면, 재산을 얻는 것은 노력과 희생이 필요하다. 비축해둘 수 있을 만큼 충분히 돈을 벌고 싶다면, 우리는 다른 경우보다(아마도 다른 이들보다) 더 잘, 그리고 더 열심히 일해야 한다. 소득의 일부를 저축통장, 대학 학위, 집 또는 연금에 할당하는 것은 당장 원하는 것에 소득 전부를 사용할 수 없다는 의미이다. 우리가 당장 재산의 일부를 신용 대출이나 할부로 얻는다 해도 그 빚은 언젠가는 갚아야 한다. 그렇다면 결국, 우리는 계속해서 열심히 일하고 더 많이 모아야 한다. 우리가 재산을 좇는 것을 달리 이르는 말이 있는데, 바로 '투자'이다. 나중에 노동에 의존하지 않는 잠재적인 수입을 갖기 위해서 우리는 절대적으로 쏟아야 하는 것보다 더 많은 시간과 노력과 자원을 투자한다. 우리는 이

것을 어떤 수단으로, 즉 미래에 소득이 부족해질 것을 대비해 스스로를 보호하기 위한 수단으로, 그리고 자신이나 자녀가 미래에 열심히 일해야 할 필요를 덜어주기 위한 수단으로 여긴다.

19세기 후반에 걸쳐 유럽의 가장 발전한 경제에서 증가한 "중산층" 범주의 인기는 가계 재산과 그것을 획득하는 수단이 다양한 형태로 급증한 것과 관련이 있다. 게다가 당시는 사회적·정치적 격변의 시기였으며, 이는 커져가는 자본주의의 영향력과 지배력을 위태롭게 했다. 불만이 쌓인 노동자들을 달래어 축적 과정을 순탄하게 가동하기 위해서, 산업규모의 증가로 인해 발생한 잉여가치의 일부가 대중에게 허용되었다. 이들에게 허용된 잉여가치는 상당한 수의 노동자들이 이전에는 보지 못했던 방식으로 사회이동을 하고, 물질적으로 보호받을 수 있는 자원들로 압축되었다. 이러한 이동과 보호, 혹은 그것에 대한 약속은 노동자들의 에너지를 시위에서 투자로 전향시켰다. 불만을 가졌던 노동자들은 잃어버릴까 두려워할 저축이나 집, 자격증을 축적할 수 있었다. 또한 그들은 자신의 장점을 내세우고 성과를 보여줄 수 있는 다양한 물질적, 문화적 장치들(accoutrements)을 얻을 수 있었다.

축적을 위한 혜택은 고분고분하고 의욕적인 노동자

를 형성하는 데 있는데, 노동자들은 재산과 그것에 의해 좌우되는 수입을 위한 쟁탈전 속에서 뒤처지지 않으려고 노력하느라 보편적인 착취를 인식하고 그에 저항할 겨를조차 없다. 이러한 추세를 관찰하면서 어떤 이론가들은 중산층(중간계급)이 노동과 자본 사이의 모순적 위치(contradictory position)*를 점하고 있다고 썼다.[7] 모순적이라는 것은 우리를 우리 자신에 대적하게 만든다는 의미이다. 즉 우리의 직업이 얼마나 명망 있든, 혹은 소득이 얼마나 높든지 간에 우리는 노동자이기 때문에 잉여가치의 창출을 위해서 착취된다. 그러나 우리가 약간의 저축과 집, 차, 보험이나 자격증을 갖고 있거나 또는 그에 대한 소망을 가지고 있는 한, 직업이 아무리 보잘것없고 소득이 아무리 적다고 해도 우리가 가진 것의 가치를 보호하거나 올려줄 수 있는 자본의 누적 운동(cumulative dynamic of capital)에 편승해서 얻을 만한 것이 생긴다. 마찬가지로 우리의 삶의 질이 간신히 획득한 자원들의 가치를 보존하고 지속적으로 소유하는 데 달려 있는 한,

---

* 계급론 진영에서 "모순적 위치"라는 개념이 사용된 것은 중산층(중간계급) 분석과 관련이 있다. 자본주의 생산양식을 구성하는 자본-노동이라는 적대관계로는 충분히 설명되지 않는 사회적 위치가 존재한다는 인식 하에 도입되었는데, 몇몇 사회적 위치는 지배받는 동시에 지배하거나, 착취하는 동시에 착취당할 수 있다는 것을 드러내고자 이 개념이 사용되었다. 이 책에서는 한 위치에 이렇게 병존하는 대립적 성격을 나타내기 위해 '자기 자신에 대적한다'는 강력한 표현을 사용하고 있다.

우리는 자본에 대항하면 무엇인가를 잃는다.

　　우리는 오늘날 노동에 대한 엄격한 제약들보다는 우리의 투자로 인해 가계가 급증하거나 격감할 미래를 염려하는 성향과, 이윤율을 유지하기 위해서 자신의 소유물과 노동, 소득의 가치와 더 나아가 운명까지도 결정하는 제도적 제약을 무시하는 성향을 격려 받으며 등급화된다. 우리는 중산층으로 명명된다. 이 명칭은 고소득 전문직과 관리자부터, 성공했거나 열심히 노력하는 기업가와 자영업자, 그리고 가장 직급이 낮은 직원과 고용이 불안정한 인턴까지 모두를 포괄한다. 이는 우리가 노동으로 대부분의 생계를 꾸리면서도, 투자를 통해 가치를 유지하거나 향상시킬 수 있는 물적 및 인적 자원을 소유하거나 언젠가는 보유할 가능성이 있는 경우에만 해당된다. "중산층"이라는 명칭은 우리가 무엇을 소유하고 어떻게 사는지가 마치 개인적 선택과 노력의 결과인 것처럼 여기는 우리의 생각을 대변한다. 더욱이 그것은 마치 미래가 우리의 선택과 노력에만 달려 있다는 듯이 미래를 위해 희생하려는 우리의 헌신을 대변한다.

　　이러한 생각을 설득력 있게 만드는 것은, 우리 소유물의 가치가 지나치게 급변하지 않으면서도 적게 소유한 사람들보다는 나은 형편으로 만들어주거나, 혹은 소유하지 않았을 때보다 소유했을 때 불행으로부터 더 잘 보호받는 정도까지 우리의 각고의 노력이 종종 성과를 거두는 것이다. 그리하여 우리는 재산을 얻기 위한 고생을 강제 몰수나 무모한 도박보다는 신중한 투자라고 그럴싸하게 생각할 수 있다. 더 열심히 일하고 공부할수록, 더 열심히 경력을 쌓을수록, 집이나 노후생활 또는 자녀의 교육을 위해 더 열심히 저축할수록, 우리는 이러한 노력들에 몰두하게 되고, 우리가 가진 자산의 기원을 무엇보다도 그러한 노력들에서 찾으려는 성향이 짙어진다. 게다가 더 나은 것을 기대하며 만족을 미룰수록, 우리의 금욕은 외부에서 강요된 것이며 그에 따라 개인적으로 무의미하다는 것을 의심하길 더욱 주저하게 된다. 우리는 투자를 할 뿐만 아니라 투자를 자랑스러워하며, 그것을 해낸 우리 자신에 대해서도 자부심을 가지게 된다.

그러나 여기서 잠깐 고려해볼 것이 있다. 우리가 충분히 많이 애써왔고, 경쟁해왔고, 투자해왔다는 것을 알게 된다면 어떻게 될까? 만약 어느 순간에 우리가 이미 가지고 있는 자산이 어떤 것이든 간에 그것이 우리가 원하는 삶을 사는 데 공정한 기회를 준다고 판단하고, 지금이 바로 편안히 앉아 뿌려둔 것을 거두어들일 때라고 결정한다면? 경제학자들은 재산에서 발생한 소득을 "불로소득(rent)"이라고 부르고, 그러한 소득에 의지하여 살아가는 사람들을 "불로소득 생활자(rentiers)"라고 부른다. 경제학자들은 불로소득을 노동에서 얻는 소득이나 기업 활동으로 발생한 이윤과 구별한다. 불로소득 생활자는 여가(leisure)를 누릴 수 있다고, 즉 재산에 의지해 생계를 꾸려가면서 선택적으로나 아니면 전혀 일을 하지 않아도 된다는 환상이 생긴다. 이는 우리에게는 멋진 일이지만, 반드시 축적을 해야 하는 자본주의 체제에서는 좋은 일이 아니다. 사유재산제도는 노동과 투자에 대한 보편적인 인센티브가 되는 것이 아니라, 보편적인 사기 저하를 가져올 수 있다는 점에서 자본주의에 부정적인 영향을 미칠 수 있다.

그리고 또 고려해볼 것이 있다. 생산의 각 주기를 통해서 매우 많은 잉여가치가 생산되는데, 노동자 가구가 만일의 경우에 대비해 단순히 보유할 수 있는 현금 더미나 자산들 위에 이 잉여가치가 전 세계적으로 이용 가능한 가계 재산의 형태로 (잠재적 이윤율의 관점에서 봤을 때) 얼마나 엷게 (thinly) 쌓일 수 있을까? 그 경제의 잉여가치에서 전유된 이윤을 약속하는 것은 생산의 독립적 조직들, 협력자들, 금융업자들로 하여금 위험과 모든 것들을 감수하고 선두에 나서도록 장려할 잠재력이 있다는 것을 기억하자. 다양한 사람들이 잉여의 한 부분을 개인적으로 비축된 저축과 차, 집, 사회보험, 학위와 같은 형태로 되찾으려는 정치적 힘을 가진다면, 이것은 이윤율과 성장에 아주 큰 지장을 줄 수 있다. 비록 대부분의 사람들은 여전히 생계를 위해 일한다고 해도 말이다. 경제학자들은 가계 재산이 충만해져서 생기는 그러한 위험에 대해 토론해왔고, 물가인상, 과세와 같이 가계 재산을 조금씩 깎아 먹을 어설픈 해결책들을 내놓았다. 그러나 가장 교활한 해결책은 재산 보유 비율이 전례 없이 증가하고, 가계 자산 및 저축이 확산된 시대를 뒤이어 최근 수십 년 동안에 구체화되었다.

1980년대와 1990년대에 걸쳐 국내 및 지역 시장은 규제가 완화되어 글로벌 금융시장에 통합되었고, 이렇게 통합된 글로벌 금융시장은 자본의 흐름을 원활하게 하고 전 세계 모든 정부와 기업에 대한 신용 제공을 용이하게 하였다. 이는 경쟁을 자극하는 데 도움이 되었으며, 축적을 더욱 순조롭고 유연하게 해주었다. 자본은 사회적·지리적 장벽을 극복하면서 이윤을 낼 기업에 공급된다. 마찬가지로 국가경제와 지역 주민에게 얼마나 중요한 기업인지에 관계없이 이윤을 잘 내지 못하는 기업에게는 자본이 공급되지 않는다. 새로운 금융상품들은 다양한 종류의 투자에 수반되는 위험(예컨대 통화가치의 변화나 이자율의 변화)을 공동 관리하고, 값을 매겨 매각할 수 있는 추가 투자 상품을 통해 위험을 세분화한다. 그 결과 무역과 기업 규모는 물론 글로벌 투자 자본의 대부분은 기하급수적으로 증가해왔으며, 시종일관 새로운 위험과 이윤 기회들을 창출해왔다. 보유한 주식의 가치를 증가시키려고 하는 주주들의 압력은 물론이고 격렬한 경쟁을 마주한 경제 주체들은 성공과 생존을 위해서 금융에 의존하게 되었다. 이러한 의존성은 양면성을 가지는데, 경제활동 및 경쟁의 심화는 글로벌 금융시장에 신용, 채권, 주식을 제공하고, 투자를 매개하고, 위험을 관리하도록 더욱 압박을 가하기 때문이다.

이윤을 갈망하는 글로벌 금융기관들은 세금이나 사회보험제도를 통해 이전에 공적으로 조달되었거나, 또는 노동소득과 은행예금 저축을 통해 사적으로 조달된 재화 및 서비스를 포괄하는 새로운 투자 기회를 찾아 늘 배회하고 있다. 산업 자본주의는 공공 및 민간 재정지원에서, 그리고 경제성장의 조건 설정에서 글로벌 금융의 지배를 알리는 금융 자본주의에게 자리를 내주었다. 위험 추정(risk estimates)과 가격 산정(pricing)은 투자자들에게 잠재적 이윤 또는 잠재적 손실의 경로를 알려준다. 이 가격 산정을 통해 금융은 경제적 · 정치적 · 사회적 삶의 모든 측면을 규제하게 된다. 금융은 제도들이 작동하는 방식과 서비스를 제공하는 사회기반시설 속에, 그리고 기업뿐만 아니라 국민경제가 성장하기 위해 신중히 고려해야 하는 선택들 속에 교묘하게 침투

한다.

경제와 사회에서의 금융의 지배를 표현하는 학술 용어는 "금융화(financialization)"이다. 선진국에서 금융화는 신자유주의라는 이름으로 묶인 경제적 추세들과 잘 맞아떨어졌는데, 이 추세는 주로 위험을 공동 관리하고, 소득을 안정화하고, 조세와 사회보험제도를 통해 재화와 서비스를 공급하는 국가의 적극성(readiness)이 쇠퇴하는 것이었다. 제2차 세계대전 이후 선진국들에서 조금씩 확산되었던 공적 안전망은 각 경제에서 다양한 수준으로 후퇴했다. 급여는 물가 상승 속도에 맞춰 오르지 않았으며, 노동 보호정책이 철폐되고 노동조합이 약화되면서 고용은 점차 불안정해졌다. 공공 재화 및 서비스의 감소와 정체되고 의지할 수 없는 수준의 노동소득이 중첩되면서, 노동자와 시민들 사이에서는 어떤 자원이든 간에 그것을 어떻게든 손안에 얻어서 커져가는 불안정에 대항해야 한다는 다급한 필요가 생겨났다.

글로벌 금융의 시대에 접어들었다. 저축, 보험, 연금에 대한 재무관리와 함께 신용카드, 할부, 주택담보대출, 학자금 대출, 그리고 기타 장기 대출을 통해서 금융기관들은 성장한 대중의 수요에 부응하기 위해 서두른다. 이 때문에 가계 경제에서 금융상품과 금융서비스의 중요성은 커져간다. 이것은 금융의 덫에 걸린 사람에게 금융에 대해 박식해

지도록(financially literate) 요구하고, 투자 기회를 인지할 수 있도록 요구하며, 자신의 투자 결과나 투자 부족에 대한 위험과 책임을 떠맡은 채 금융상품을 분별력 있게 이용하도록 요구하는 책무를 동반한다. 이 책임에는 종종 가계 예산의 균형을 맞추고 가계 자본의 유입과 출입이 오랫동안 지속될 수 있도록 자발적으로 소비를 줄이는 것이 포함된다.

진행 중인 자본의 순환을 원활하게 하기 위해서 은행, 보험회사, 연기금 기관과 같은 기관 투자자들은 가계와 글로벌 금융 사이를 중개한다. 기관 투자자들은 주택담보대출, 연금 및 기타 장기저축상품, 보험, 소비자 신용대출을 제공하고 관리함으로써 중개한다. 기관투자자들은 이 상품들로 구성된 지불과 상환을 하나로 묶고, 그 상품들을 다른 시장 참여자들에게 팔기 전에 대량으로 가격을 매긴다. 가계 재산이 나타내는 가치는 더 많은 투자를 위한 융자금이 되기 위해서 시장으로 다시 흘러 들어온다. 이 재산의 가치는 금융시장의 변동과 결부되어 있기 때문에 그 자체로 유동적이다. 가치가 주택담보대출이 상환된 30년 이후에나 최종적으로 결정되며, 이자율과 통화가치에 따라 그 상환금의 규모가 결과적으로 변화하는 모든 주택을 생각해보자. 또한 변동성이 큰 주식과 채권에 수십 년 동안 투자된 저축에 의해 결정되는 퇴직연금도 생각해보자. 그다음, 변덕스러운 취업 시장의 검증에 의존하면서 다년간에 걸쳐 낸 학자금 상환액으로 그 가격이 계산되는 학위도 생각해보자. 재산이 지나치게 높은 안정을 제공하거나 경제의 잉여가치에서 너무 많은 것을 앗아갈 위험은 고소득자와 저소득자 모두에게 불안정한 가치를 지닌 재산이 똑같이 확산됨에 따라 해소된다. 이런 종류의 재산은 일정하지 않은 수익을 내면서, 활발한 투자를 요구한다. 가장 부유한 소유자들을 제외한 모든 소유자들은 자신이 모으는 데 성공한 자산들에 최종적으로 안주하는 걸 꿈꿀 수 없다. 오히려 더 많은 사람이 소유의 약속에 이끌려, 자신이 소유의 혜택을 누리기 위해서는 끊임없이 투자를 계속해야 한다는 것을 발견할 뿐이다.

　　우리의 관점에서 보면, 금융은 우리의 노동소득이 너무 적어서 가질 수가 없는 물건을 살 수 있게 해준다. 그것은 가계 부채와 낮은 소득이 밀접한 관련이 있다는 사실을 깨닫기 전까지는 좋아 보인다. 우리가 신용카드, 담보대출 계약, 할부로 물건을 사는 데에 익숙해질수록(물건들이 너무 비싸서 다른 방법으로는 살 수 없을 때, 이렇게 하게 된다), 고용주는 우리에게 급여를 잘 지불하려 하지 않을 수 있다. 이는 금융화가 우리에 대한 착취를 조금씩 증가시킨다는 의미이다. 또한 금융화는 집과 연금 같이 상대적으로 변화가 없는 자산에 의존하는 투자자인 우리를 스피드와 유연성을 선호하는 투자 풍토에서 불리하게 만든다. 그러면서 산업, 기업, 그리고 서비스 부문 간의 경쟁을 심화시키는데, 이들 다수는 감원과 해고를 시작하고 그들이 고용한 노동자들로부터 더 많은 가치를 짜냄으로써 이에 대응한다. 또한 금융화는 착취를 아주 추상화하여(즉, 착취를 비인격적인 시장에 의해서 강요되고, 다수의 정체불명의 주주들을 위해서 가치를 제공해야 하는 필요성에 의해 정당화되는 노동자들뿐만 아니라 자본가들도 받는 압력으로 추상화한다) 우리가 고용주를 너무 적게 지급한다고 비난할 수조차 없게 만든다.[8]

하지만 금융화가 가하는 가장 심한 압박은 우리 자신의 착취에 우리가 투자하도록 만드는 것이다. 은행과 기타 금융시장 참여자들은 우리의 지불 및 채무상환 흐름을 법인기업과 기관 투자자들에게 투자 상품으로 팔기 위해 그것들을 서로 묶어 재포장한다. 이 투자자들은 그들이 구입할 때보다 더 큰 총 가치를 생산할 수 있을 것이라는 희망 속에서 아주 기쁜 마음으로 미래에 투영된 수입흐름을 위해 즉시 돈을 지불한다. 이 금융상품의 가격은 미래에 상환이 중단되거나, 완납하지 못하게 될 위험에 대한 추정치에 따라 계산된다. 고위험일수록 상품은 저렴해진다. 모든 유형의 금융 투자자들은 서로 관련이 없는 다양한 금융상품들을 모아 위험분산형 포트폴리오를 만들어서 이 위험으로부터 스스로를 보호한다. 위험분산형 포트폴리오의 가격은 복합적인 수입흐름의 원천들을 종식시키거나 더디게 할 만한 사건들을 고려하여 자체적으로 가격이 책정된다. 그러한 사건들에는 정치적 불안이나 사회적 봉기, 또는 채무자들의 지급불능이 만연한 상태 따위가 있다. 그렇게 함으로써 집합된 투자 상품의 가격 산정은 정부와 기업에게 투자 철회나 손실을 피하기 위해 시민, 노동자, 채무자를 잘 감시하라는 신호를 보낸다.

이 사실을 인지하는지 여부와 관계없이, 우리는 연금과 기타 장기저축상품들을 통해 이 상품들을 늘 구입한다. 기관 투자자들은 자신의 이윤뿐만 아니라 우리의 연금 청구 가능성을 보장해주거나 우리의 저축 상품과 다른 자산의 가치를 극대화하기 위해서 이 상품들을 선택한다. 집과 더 높은 수준의 교육을 위해서 저축하거나, 노후에 대비하기 위해서 우리가 의존하는 그 상품들은 어떤 사회적 비용을 치르더라도 잉여가치의 축적을 지원하기 위해 설계된 상품들이다. 가족의 복리에 신중하고 성실히 투자함으로써, 그리고 또한 노동자이자 시민으로서의 힘을 서서히 약화시키는 방식으로 우리의 노동과 자원을 관리함으로써, 우리는 우리 자신을 지배하는 시스템에 투자한다. 이는 개인에 대한 착취를 전체로 일반화하는 것으로, 금융화가 식인적인

특징을 가진다고 묘사하는 비판들을 자아낸다.[9]

우리가 가진 돈의 가치가 자본의 순환과 분리될 수 없는 것처럼, 우리는 축적과정에서 우리의 정확한 역할을 가늠할 수 없다. 자본과의 불리한 만남을, 특히 우리의 자산이 혼란에 빠졌을 때 그 만남을 되짚어보기 어려운 방식으로 우리의 노동은 평가 절하되고 불안정은 심화된다. 우리가 하는 일상적인 경험들 중 놀라운 것은 자금조달에 쉽게 접근할 수 있다는 것이다. 우리의 우편함을 가득 채운 신용카드 신청서들, 어디서나 제공받을 수 있는 대출들, 물가인상을 앞지를 수 있게 설계된 투자 저축들, 그리고 당장 획득 가능하지만 대금은 조금씩 갚아 나가도 되는 값비싼 상품들, 그 모든 것을 생각해보자. 우리는 마치 소득자로서, 저축가로서, 소유자로서, 투자자로서 자율적이고 자유로운 것처럼 느낀다. 우리 가운데 투자 자금이 있는 이들은 집, 연금, 그리고 대학 학위 같은 예방적 자산과 출세를 위한 자산을 얻는 데 금융상품을 사용한다. 할 수 있는 한 우리는 대출자로서, 저축가로서, 가족 구성원으로서 요구받는 장기계획을 떠안는다. 이 모든 것을 해낼 때, 우리는 이러한 자산들이 나타내는 관점을 수용하면서 우리의 노동과 시민권이 처한 상황을 간과할 수 있다. 우리는 스스로를 자주적인 투자와 신중한 저축, 개인적 책임감, 장기적인 전략으로 자기 삶을 주도한다고 여길 수 있다. 우리는 스스로를 중산층으로 여길 수 있다.

다양한 투자 기회 속에서 이루어지는 우리의 일정하지 않은 움직임은 우리가 더욱 격하게 투자를 좇게 만든다. 보상이 눈앞에 나타나지만 얻기는 어려울 때, 우리는 있는 힘껏 그것을 끝까지 찾아다니기 위해 노력하며, 실패하더라도 더 열심히 노력하기를 단념하지 않는다. 신용은 재산과 투자에 대한 우리의 이해관계에 그러한 효과를 가진다. 신용은 우리가 꿈꾸는 모든 것들을 우리의 손끝에 두어 우리가 더 열심히 일하고, 그 꿈들을 붙잡기 위해 주머니 속에 더 깊게 손을 뻗게 하는 효과를 가진다. 우리가 겨우 구한 것들이 우리가 기대하고 있었던 가치를 지니고 있지 않다는 것이 밝혀질 때, 신용은 우리를 더 열심히 일하게 하고 손을 더 뻗도록 자극하기도 한다. 자본이 우리의 등 뒤에서 우리를 희생시켜서 축적을 이어가는 동안 우리는 입술을 꽉 깨물고 버티는데, 왜냐하면 우리 스스로를 중산층이라고 여기는 것이 우리가 그렇게 하도록 장려하기 때문이다.

자기 결정이라는 중산층 의식은 금융이 침입하기 시작한 아시아, 아프리카, 남미의 "신흥경제" 또는 "개발도상국"(종종 그렇게 불린다)에서 더욱 두드러진다. 이 경제들은 국제 무역 및 투자를 개방하는 것뿐만 아니라, 그것들을 얻기 위한 상품 및 금융상품의 유입을 허용하는 자유화를 겪었다. 이 지역 사람들 대부분은 지난 수십 년 동안 대개 소소하거나 또는 비참하게, 사유재산이 거의 없이 살아왔다. 갑작스럽게 그들 다수는 이전에는 얻을 수 없었던 것들을 사기 위해 대출을 받고 있다. 그 결과, 이 지역들에서 의료서비스, 교육, 주택, 교통비의 가격이 치솟았다. 이로 말미암아 이 서비스들을 더욱 효율적으로 사용하려는 라이프스타일을 가진 사람들은 빚더미 속에 파묻혀버린다. 그들은 빚을 갚기 위해서 계획을 짜고, 위험을 관리해야 하며, 배로 일하고, 새로운 소득원을 찾아야 한다. 대부분의 경우 그들은 적절한 일자리와 보호책이 없어서 그렇게 한다. 신흥경제에서 최근 새로이 등장한 투자자들(그들은 이제 신흥 글로벌 중산층으로 명명된다)은 자기 미래에 대한 통제권을 넘겨받았다. 하지만 그들은 이 통제권이 경제적, 사회적, 감정적 희생과 얽혀 있다는 것을 재빨리 알아차린다.

　　세계의 어느 지역에서는 중산층이 감소하고, 다른 지역에서는 중산층이 증가한다는 이야기 속에는 결국에는 어떤 모순도 없다는 사실이 드러난다. 글로벌 금융시장은 이제 부유한 국가에서는 자산 가치에 손을 대고, 가난한 국가에서는 새로운 자산에 투자하면서 성장한다. 이미 수십 년 동안 축적된 사유재산과 공공 자원, 인적 자본이 있는 곳에서는 사람들이 이러한 자산과 보호책들이 비용부담이 되거나 그 가치를 신뢰할 수 없다는 것을 불현듯 알아채고 있으며, 자신의 주머니 사정이 좋지 않다고 느낀다. 그리고 이전에는 소유한 것이 거의 없었지만 막대한 재산과 금융 수단들이 갑자기 개방된 곳에서는 사람들이 야심 찬 투자자로 새로이 참여한다. "중산층"을 지명하는 것은 부유함이 일반적 원칙이었던 영역에 이 새로운 진입자들이 포괄되어도 될 만큼 충분히 가변적이다.

경제학자 브랑코 밀라노비치(Branko Milanovic)는 그들을 각각 글로벌 금융의 패자와 승자라고 부르고, 증가하는 전 지구적 소득이 불평등하게 분배되는 것을 통탄한다.[10]* 하지만 분배의 불평등에도 불구하고, 보다 극적인 성장은 누군가가 사용하기 위해 할당된 수입에서가 아니라 잉여가치로부터 발생한 것이다. 그리고 잉여가치는 불로소득이나 수익의 형태로 일부를 착복할 수 있는 위치에 있는 사람들에게만 잠정적으로 혜택을 줄 수 있으며, 생계를 위해서 노동하는 다른 사람들은 착취와 그에 수반되는 폐해들에 시달리게 만든다.

---

* 브랑코 밀라노비치, 『왜 우리는 불평등해졌는가 - 30년 세계화가 남긴 빛과 그림자』, 서정아 옮김, 21세기북스, 2017

중산층이 된다는 것은 충실한 병사가 되어 전체 그림을 보지 못하게 된다는 것을 의미한다. 가장 그렇게 할 법한 사람들은 재산을 조금 획득할 수 있는 수단을 가진 노동자들인데, 그들은 이 재산이 그들의 삶을 변화시킬 수 있는 사회에 살고 있다. 중산층 이데올로기의 역풍으로 인해 노동자들은 미래를 염두에 두고서 이전보다 더 많은 시간이나 노동, 자원을 투자하며, 즉시 보상을 받는 것보다 더 많이 투자한다. 이러한 태도가 축적에 꽤나 유용하기 때문에, 직업과 지위를 위해서 자본주의 제도에 의지하는 사람들은 중산층이 감소한다고 여겨지면 이에 개탄하고, 불규칙하고 시원찮은 투자에 대한 부담으로 시들해진 장기 투자자들에게 활력을 불어넣을 방법을 모색한다. 또한 그들은 글로벌 중산층의 부상을 찬양하고, 금융 자본주의의 지배력 강화로 불행해진 희생자라기보다는 의욕적인 투자자로 대변되는 수백만의 사람들에게서 자신감을 얻는다.

금융화는 자본주의적 축적을 유인하기 위한 이익 전체를 제공하면서, 축적에 걸림돌이 되는 것들을 낱낱이 밝힌다. 자수성가(self-accomplished social mobility) 이미지는 투자 관념에 의존한다. 즉, 지금 우리가 희생해서 얻은 재산이 미래에 우리가 기대하는 수익을 가져다 줄 것이라는 생각 말이다. 우리가 소득을 모두 소비재에 쓰기보다는 일부를 내구재 구매를 위한 저축이나 적금으로 남겨두면서, 우리가 스스로를 무모한 투기꾼이 아니라 신중하고 책임감 있는 노동자, 시민, 가족 구성원이라고 여기는 것은 이 때문이다. 인류학자 데이비드 그레이버(David Graeber)는 중산층이 된다는 것은 근본적인 사회제도들이 우리의 이익을 위해 존재한다고 느끼고, 우리가 규칙을 따라 행동하면 결과를 예상할 수 있다고 생각하며, 그 규칙이 그대로 유지된다면 우리 자녀들의 미래까지도 그려낼 수 있다고 느끼는 것을 의미한다고 쓰면서 투자 정신을 포착하였다.[11] 하지만 우리가 빚에 짓눌려서 이러한 생각이 흔들리는 것이라고 기술할 때, 그는 중요한 사실을 놓쳐버렸다. 빚 자체는 문제가 아니다. 빚은 틀림없이 우리를 짓누르지만, 우리는 하락을 피하기 위해서 혹은 훨씬 더 큰 폭으로 상승하기 위해서 계속 대출을 받는다. 신용 거래의 가능성은 많은 노동자들에게 남은 더 나은 미래를 위한 유일한 기회이다. 낮은 사회계급 사람들이 스스로를 중산층이라 여기는 경향은 그들이 겪는 고난과 역경에도 불구하고 살아남은 이 이데올로기의 끈기를 보여주는 증거이며, 그 끈기는 대개 예방적 차원이나 성공을 위해 받은 대출을 통해 직접적으로 강화된다. 우리의 투쟁을 파멸시키는 것은 자본주의가 휘두르는 (신용이나 빚과 같은) 금융 상품들이라기 보다는 자본주의 그 자체다. 우리가 계속 착취당하고, 경쟁 속에 갇혀 있고, 투자한 것을 유효하게 만들거나 또는 그 가치를 평가 절하하는 통제할 수 없는 운동의 먹잇감이 되는 한, 자본주의는 우리의 투쟁을 파멸시킨다.

잠재의식의 진정한 전환점은 부채가 있는 재산이 너무 예측 불가능해져서 그에 대한 투자에 그럴듯하게 예정되어 있던 약속이 이행되지 않을 때 찾아온다. 이는 우리가 중산층이 된다는 생각에 덜 매료되었다거나, 중산층과 관련 있는 재산 및 인적 자본에 투자하기가 어려워졌다는 것을 의미하지 않는다. 하지만 우리가 충분히 잘 살펴보면, 그 이데올로기가 악화시키는 곤경들을 더욱 명확하게 볼 수 있다. 어떤 이데올로기도 완벽하지 않다. 이데올로기를 납득시키기 위해서는 물질적 및 사회적 조건들의 특정한 배치(constellation)가 필요하다. 투자 관념에 크게 의존하는 이데올로기는 그 매력을 유지해줄 투자를 필요로 한다. 가계 재산을 획득할 가능성이 점차 커지면서, 자본주의는 사람들이 자신의 정체성을 노동자보다는 투자자로 형성하도록 하였다. 금융시장을 통한 재산 획득은 점점 더 많은 전 세계 사람들이 이러한 방식으로 스스로를 정체화하도록 고무했다. 선진국에서는 제2차 세계대전 이후 수십 년 동안 투자에 참여한 시민들이 사회정책 및 규제를 통해 계획된 수익을 보장받을 수 있었다. 노동자들의 투자가 기대했던 방식으로 보상되는 한, 그들은 자신의 정체성을 투자자로 형성할 수 있었다. 그리하여 노동자들은 노동이 여전히 그들의 주요한 생계수단이었음에도 불구하고, 무대 뒤에서 진행되는 노동의 가치 절하로부터 서서히 눈을 돌리게 되었다.

금융화가 전 세계적으로 사회를 재구성하면서 변화가 시작되었다. 가계의 재정을 적자에 빠뜨리는 위험과 투자 수익의 변칙성은 우리의 보호책과 예상을 뛰어넘어 그 게임 자체가 조작되었다는 것을 우리가 잠재적으로 볼 수 있는 균열을 만들어낸다. 금융화가 내세우는 미사여구와는 달리 우리의 경제시스템은 우리 스스로의 진보이면서 동시에 상호 이익이 되는 선택과 노력으로 이루어지는 것이 아니라, 얻는 것보다 언제나 더 많이 줌으로써 축적을 부양해야 할 책무로 이루어진다. 안정과 복리를 위해 우리가 오늘날 어떤 노력을 해야 하며, 그 노력으로 얻을 수 있는 결과가 무엇인지를 생각해보면, 우리는 늘 그렇게 해왔다는 것을 되돌아보고 발견할 수 있다. 우리의 노력과 투자는 자본주의가 개벽한 이후로 잉여가치의 축적을 위하여 착취되고 동원되어왔다. 과거와 현재의 유일한 차이점은 이제 우리 쪽으로 흩뿌려지는 부스러기들이 더욱 작아졌고, 더욱 간헐적으로 주어진다는 것이다. 이 차이점으로 말미암아 우리는 중산층이라는 것이 만들어내는, 노력하면 된다는 모든 낙관적인 수사에도 불구하고, 우리는 중산층이 아니며, 결코 그랬던 적이 없다는 현실을 직시할 수 있게 될 것이다.

제2장

제2장
재산의 은밀한 매력

최근의 금융위기가 잔혹하게 분명히 한 것은 바로 재산을 신뢰할 수 없다는 것이다. 원칙대로 했음에도 불구하고, 수백만 명의 사람들이 집에서 쫓겨났다. 어떤 이들은 장기저축과 장기투자뿐만 아니라 매우 안전하다고 알려진 퇴직연금 상품까지 포기해야 했다. 또 어떤 사람들은 취업시장에 거의 영향을 미치지 않는 학위들 때문에 막대한 학자금 빚을 지고 있다. 아마도 당신은 우리가 그러한 격변을 겪으면서, 힘겹게 번 돈을 확실한 것보다는 도박이 되어버릴 것에 비축하는 일에 조심스러워질 것이라고 예측할 것이다. 하지만 전혀 그렇지 않다. 재산시장은 호황을 누리고 있다. 많은 사람들이 무리하게 재원을 계속 늘리고, 부모나 다른 후원자들의 재산까지 덧붙여 늘리기도 한다. 그리고 그들은 오직 미심쩍은 가치를 가진 재산을 얻기 위해 장기 부채의 위험과 채무를 도맡는다.

　　루이스 브뉘엘(Luis Buñuel) 감독의 1972년 초현실주의 영화 〈부르주아의 은밀한 매력The Discreet Charm of the Bourgeoisie〉*에서는 근사한 만찬을 하려는 주인공들의 시도가 몇 번이고 좌절되지만, 그들은 이를 끈질기게 시도한다. 마침내 아무 데도 갈 곳 없는 황량한 길목에 선 그들은 자긍심을 보이며 앞으로 나아간다. 우리 역시 중산층의 추구에 수반되는 좌절에도 불구하고, 끈질기게 이에 매달린다. 재산에 대한 우리의 결의에는 일종의 강박감이 있다. 재산을 얻는 것은 적어도 안정을, 혹은 번영을 추구하는 데 필요한 단계처럼 보이기 때문에, 우리는 목표를 더 높이 세우려 한다. 우리는 재산이 꼭 최고이거나 좋은 것이 아닐지라도, 그것을 투자라고 생각한다. 투자로서의 재산은 책임감 있고 미래 지향적인 성인의 기준점이 되고, 어느 정도는 직장과 정부, 친족으로부터의 보충적 지원이 불충분하거나 탐탁

---

* 초현실주의를 대표하는 감독 루이스 브뉘엘의 후기 걸작 중 한 편이다. 식사 모임을 가지려고 애쓰지만 매번 실패하는 6명의 부르주아에 대해 다루면서 그들의 허위와 위선을 풍자하고, 만찬이 좌절된 후 이어지는 꿈 이야기와 길을 걷는 부르주아지의 모습을 통해 그들의 억눌린 욕망과 불안, 죄의식 등을 드러낸다. 영화 중간에 간간이 삽입되었던 함께 길을 걷는 장면은 영화의 마지막 장면으로도 배치되는데, 이루어질 수 없는 만찬을 위해 정처 없이 걷는 그들의 모습 속에서 존재하지 않는 권위를 가장하는 부르주아지의 벗겨지지 않는 허세와 가식, 허위의식을 읽어낼 수 있다.

지 않은 것을 상쇄한다. 주택, 연금, 보험, 저축계좌, 금융자산, 학위, 전문자격증이 아니라면, 우리는 무엇에 투자하고 있는가?

재산이 중산층에 내재된 모순을 투영하는 방식을 보여주기 위해서, 나는 재산에 대한 우리의 강박적인 추구라는 미스터리를 이 장에서 풀어나가고자 한다. 자유주의 사상의 주류에서 이해되고 있는 것처럼, 재산은 우리로 하여금 다른 어떤 것보다 더 많이, 그리고 더 잘 투자하도록 유혹한다는 것이 나의 논지이다. 소유가 대인관계에서 이익(interpersonal advantage)을 내는 경쟁적인 환경에서 안정(security)을 추구하기 위해 우리는 재산에 투자한다. 하지만 재산이라는 수단을 통해 우리의 돈은 시장으로 흘러 들어가고, 그 시장의 성장은 도리어 우리가 추구하는 안정을 달성할 수 있게 하는 조건들을 불안정하게 만든다. 금융화된 재산의 신뢰할 수 없는 가치는, 우리로 하여금 그나마 이를 지탱하기 위해 계속 투자하도록 압박한다. 그러나 재산에 대한 투자는 재산의 가치와 재산을 추구하는 활동을 규제하는 사회적·정치적 정책에 따라 다르게 진행된다. 이에 대해서는 이 장 뒷부분에서 상세히 살펴보도록 하자.

먼저 사례연구를 살펴보자. 가치를 신뢰할 수 없는 재산에 투자하는 것이 우세하다는 것에 대해 나는 한동안

의아해했지만, 그것을 조사할 만한 문화기술지 수단을 찾는 데에는 시간이 걸렸다. 문제는 통상 우리가 축적된 재산과 그것의 총가치를 한발 물러나 검토해보지 않은 채 학력에 투자하고, 대출을 받아 집을 사고, 소득의 일부를 연금이나 저축, 보험으로 공제하면서 평생에 걸쳐 재산을 축적한다는 것에 있다. 이는 우리의 투자를 먹고사는 축적 과정에 이득이 된다. 우리는 투자를 통해 무엇을 얻고 무엇을 잃는지에 관해 명확한 개념을 가지지 못할 때, 일반적인 것에 더 투자하기 쉽다. 이 규칙에 한 가지 예외가 있는데, 바로 이혼이다. 사람들은 이혼을 할 때 주택이나 보험같이 물리적으로 분리되지 않는 종류의 재산을 포함한 부부 재산을 분배해야 한다. 이런 분배는 이혼이 야기한 경제적 손실의 고통 속에서 이루어지는데, 그때 자신의 소유물이 지닌 가치가 대단히 중요해 보인다. 그래서 나는 재산이 그 소유자에게 어떤 의미를 가지는지를 더 잘 이해하기 위해 이스라엘에서 이혼을 연구하기 시작했다.

재산을 투자의 화신으로 보는 관념은 17세기 자유주의가 남긴 영원한 유산 가운데 하나로, 오늘날 대부분의 자유 민주주의 국가들과 마찬가지로 이스라엘에서도 이혼법에 이 관념이 남아 있다. 자유주의의 주류 경제사상은 사람들이 목전의 수익(return)을 생각할 때 더 많이 투자하는 경향이 있다고 주장한다. 이런 관점에서 보면, 사람들이 투자하는 재산의 형태가 무엇인지 또는 재산을 소유한 사람에게 그 재산이 어떤 의미를 가지는지에 대해서는 차이가 없어진다. 사유재산은 사회의 모든 구성원이 미래의 수익 전망에 자신을 투입하여 경제를 성장시키는 생산성을 창출하게 만드는 인센티브일 뿐이다. 이는 경제성장의 결실이 그에 기여한 사람들의 투입에 비례하여 그들 모두에게 주어질 수 있다고 여기는 자유주의 사상의 또 다른 흐름을 뒷받침한다. 이런 부류의 사상들이 뒤얽힘으로써, 사회자원의 조직 원리로서의 사유재산은 우리 모두를 부유하게 만든다는 통념이 형성된다.

현대 이혼법은 이런 통념의 그림자 속에서 작동하여 가계 재산을 부부가 공동으로 한 투자의 결과로 확정하고, 이혼을 그것의 분할로 마무리한다. 이혼의 법적 절차는 재산이 물리적으로 나눌 수 없거나 혹은 한쪽 배우자만이 이를 공식적으로 소유하고 있다 할지라도, 부부 재산의 균등한 분할을 목표로 한다. 이것은 가령 부부 중 한 사람은 생계활동을 하고 다른 한 사람은 주부인 경우처럼, 이혼하려는 부부가 서로 다르지만 동등하게 가정에 투자한다는 것을 반영한 것으로 보인다. 나와 이야기를 나눈 대부분의 이혼자들은 당사자 간 합의를 통해 이혼을 하려고 애썼다. 재산을 동등하게 분배하라는 법원의 판결이 그들의 기준점이 되었기는 하지만, 그 이혼자들은 주로 그들의 재산을 딱 반으로 나누지 않거나 혹은 그대로 놔두는 창의적인 방법을 고안했다. 내가 이혼한 부부들에게 부부 재산에 대한 각자의 투자에 관해 물어봤을 때, 그들 대부분은 이런 생각 자체를 무시했다. 그보다도 그들은 각자가 자립하여 그들의 삶을 살아갈 수 있는 방법을 찾으려 했다.

한 여성이 13년의 결혼생활에서 벗어나려 하고 있었다. 결혼기간 동안 자녀들을 키우기 위해 치료사라는 직업을 쉬게 되었고, 그 때문에 수입이 거의 없었다. 그의 남편도 수입이 그다지 많지 않았다. 그는 인문학 박사과정생이었고, 부업으로 번역을 하고 있었다. 그들은 결혼했을 때 간신히 생계를 유지하고 있었고, 이혼은 그들을 벼랑 끝으로 내몰았다. 그 부부는 아내 부모님의 도움으로 계약금을 치러 주택을 소유하고는 있었지만, 여전히 주택담보대출금을 갚고 있었다. 둘 중 어느 누구도 배우자의 몫을 매입할 여유가 없었고, 혼자서 대출금을 갚을 수도 없었다. 그래서 그들은 집을 팔았고, 남편은 작은 아파트를 사라고 아내에게 집을 판 돈의 대부분을 주었다. 재산을 반으로 나눴으면 새집을 사는 데에 충분치 않았을 것인데, 그들은 자녀들을 위한 집을 원했다. 또한 그들은 남편이 법에 명기된 것보다 적은 자녀양육비를 지불하겠지만, 박사학위를 준비하는 동안 그가 감당할 수 있는 최대의 금액을 보내겠다는 것에 합의했다. 그는 대학에 자리를 잡으면 양육비를 더 올려주겠다고 약속했다. 남편이 양육비를 지불하기 시작했을 때쯤 그가 일하던 출판사가 도산했다. 그가 새로운 아르바이트 자리를 찾는 동안 처가에서 자녀양육비를 대신 부담했다.

이 부부는 내가 목격한 많은 이혼자들에서 재산에 대해 아주 양가적인 태도(ambivalent attitude)를 취한 이들 중 하나일 뿐이었다. 두 번째 집을 마련하기 위해 공동으로 주택담보대출을 받아서 이 대출금을 이사 나갈 남편의 집세로 사용하는 부부도 있었고, 집을 가지는 대신 전남편의 주식에서 자신의 몫을 몰수당한 여성도 있었다. 또 자신의 퇴직연금을 지키기 위해 결혼생활 중 부부가 진 공동의 빚을 혼자 떠안은 남성도 있었고, 전남편이 매달 지불하는 자녀양육비의 액수를 깎아주는 대신 전남편 집의 절반을 매수한 여성도 있었으며, 살던 집을 자녀 명의로 돌리는 부부도 있었다. 또 나는 지출을 줄이고, 좀 더 안정된 고용을 위해 유망한 직업을 포기하고, 부모에게 돈이나 주택, 육아를 간청하고, 사회보장제도에 편승하고, 자녀 양육을 위해 필사적으로 싸우는 이혼자들도 보았다. 재산은 그들에게 제일의 대비책이 아니었으며, 과거의 투자나 미래의 가치를 고려해 이를 평가하지도 않았다. 그들은 소유권보다는 가족의 경제 상황을 안정시키기 위해 소유하고 있는 것을 어떻게 사용하는가에 훨씬 더 신경을 썼다. 극심한 곤경 속에서, 재산은 본색을 드러냈다. 나의 연구에서 특기할 것은 재산의 본질과 가치, 적절한 분배에 집착하지 않았다는 점이다. 오히려 내 연구의 일반적 관심사는, 소위 중산층이라 일컬어지는 집단을 세계적으로 연구하는 인류학자들이 안정에 대한 갈망이라고 부르던 것에 있었다.[1]

이혼이라는 재앙에도 불구하고, 이런 갈망이 대개 사유재산이라는 수단을 통해 정확하게 표현된다는 것을 부정할 수 없다. 나는 앞장에서 중산층과 재산 사이의 밀접한 관련성에 대해 기술하였다. 이는 역사적인 관련성이다. "중산층"이라는 명칭은 가족이 구매해서 소유할 수 있는 상대적으로 값비싸고 내구성 있는 종류의 재산이 확산되면서 인기를 끌었다. 그러한 밀접한 관련성은, 물질적 재산은 개인이 한 투자의 결과라는 생각으로부터 나온 두 가지 개념*을 포함하고 있기 때문에 이 역시 개념적이다. 중산층의 식별은 현재의 욕구에 소득을 모두 소비하는 대신에 미래의 목표를 위해 소득의 일부를 투자하거나 재원을 빌리는 노동자들 사

---

* 두 가지 개념이란 중산층과 재산을 말한다.

이에서 가장 잘 받아들여진다. 재산은 이런 투자를 집중하는 수단이자 미래를 위해 가치를 저장한다고 약속하는 수단이다. 나는 또 경제의 축적된 잉여가치를 자산, 즉 재산을 지닌 노동자의 관심을 끌 만한 자산으로 전환시키는 것이 자본주의에 얼마나 유용한가에 관해서도 언급했다. 이는 노동자들이 집단적 착취에 관심을 가지지 못하게 만들면서 이들을 더 열심히 일하게 하고, 신용 거래를 찾게 하고, 그들의 소득을 다시 유통시키도록 부추긴다.

통상 재산을 지닌 사람에게 대인관계상의 일시적 이익을 제공하여 투자의 잠재력을 산출해내는 것을 보면, 재산의 위력은 충분히 현실적이다. 재산을 소유한 사람은 대체로 그렇지 않은 사람들보다 물질적으로 더 부유하고, 투자하지 않았을 때보다 더 부유하다. 하지만 재산의 호황과 불황이 만연한 것과, 예상치 못하게 발생하는 부대비용 및 추가비용 등이 우리에게 상기시켜주듯이, 이는 항상 그런 것이 아니다. 그리고 그것이 사실이더라도, 재산이 주는 이익은 타인의 이익과 비교해서만 그렇다는 것이기에, 이는 일시적이고 미약하다. 가장 중요한 것은, 재산을 많이 소유하지 못한 사람들에게 재산은 그것이 암시한 안정이나 번영을 거의 제공하지 못한다는 것이다. 그러므로 재산을 안정의 대리인으로 삼는 것은 이데올로기에 지나지 않는다. 그리고 중산층 이데올로기와 매우 유사하게, 이 이데올로기는 그것에 의해 미리 정해진 목표를 필연적으로 달성하지 못하게 만드는 행동을 촉발한다.

미국 235가구의 경제생활을 분석한 최근 연구가 이를 명확하게 보여준다.[2] 조사가 진행된 당해 동안에, 연구대상 가족들은 수입과 지출 모두에서 예상치 못한 급등과 급락을 갑자기 겪으면서 불안정을 경험했다. 이런 격동은 이를 견디는 데 있어 그들의 재산이 갖는 잠재적 중요성을 증대시켰다. 하지만 그들이 소유하거나 추구한 재산은 그것이 어려움을 완화한 만큼 다시 그들을 곤경에 몰아넣었다. 이는 분석가들이 수입과 물질적 자산(accoutrements)의 수준에 따라 중산층 가정으로 분류한 존슨(Johnson)씨네 가족에게서 가장 전형적으로 나타났다. 남편과 아내 모두 직장에서 꾸준한 수입을 얻었지만, 그들의 지출은 예측할 수 없었다. 지출 비용에는 자녀들에게 줄 크리스마스 선물이나 생일선물 비용뿐만 아니라 자동차 수리비, 집수리비, 병원비로 쓴 많은 돈이 포함되었다. 그들은 제때 생활비를 충당해야 하는 것과 같은 단기에 필요한 일에 우선순위를 매겨 예산을 세우기보다는 재산에 의존한 경제적 상승 이동에 내기를 걸었다. 아내는 학위가 더 높은 연봉을 받는 직장을 얻는 데 도움이 되기를 바라면서 대학에 등록했다. 그렇게 될 것이라는 것은 결코 확실하지 않았고, (그가 농담을 한 것처럼) 대학을 졸업할 때쯤에는 마흔이 되어서 여생을 대학 학자금을 갚아야 할 것이었다. 또 부부는 미래를 위한 비축이 되기를 희망하면서 집 한 채를 샀다. 하지만 주택담보대출금을 상환하는 것은 그들에게 매우 큰 부담이었고, 집수리 비용은 그들의 예산을 계속 갉아먹고 있었다. 엎친 데 덮친 격으로 그 집의 가치는 오르지 않고 그대로였다. 그러는 동안 존슨씨네 가족은 계속해서 스트레스를 받았다.

재산에 대한 끊임없는 투자의 기원은 중산층의 투자와 맞물려 있다. 일부 유럽 지역의 산업혁명에 따른 급속한 경제성장은 다양한 범위의 새로운 전문직, 서비스직, 관리직이 등장하게 만들었고, 농업이나 공업 종사자보다 이들이 더 많은 임금을 받게 하였다. 자본주의가 가장 발전한 곳에서 물질적 다양성과 사회적 등급(gradation)이 확대되면서 새로운 돈벌이 기회도 등장했다. 그러나 직업과 자산의 종류가 다양해졌다고 해서 새로운 직종에서 일하기 시작했거나 더 많은 돈을 벌기 시작한 사람들이 그들 사회에서 색다른 역할을 하거나 특유의 지위를 얻은 것은 아니었다. 역사학자 드로르 워만(Dror Wahrman)은 19세기 영국의 사회적·경제적 다양성에도 불구하고, 어떻게 "중산층"이 구분될 수 있는 하나의 신흥 사회집단이 될 수 없었는가에 관해 말한

바 있다.[3] 하지만 이는 정치인들이 수사적 장치로 이 명칭을 사용하는 것을 막지는 못했다. 정치인들은 그들이 제안한 일체의 정치적·경제적 개혁을 실현하는 데 있어 중산층이 핵심적인 역할을 수행하며, 그런 개혁의 실행으로부터 가장 많은 혜택을 누리는 것 또한 그들일 것이라고 선언하면서 의제를 발의했다. 복리에 대한 책임을 시민 자신의 투자에 돌리고, 이러한 투자가 맺는 결실의 지평을 그려냄으로써 정치적 동의를 얻을 수 있었다.

중산층을 지명하는 것의 주요한 이점은, 노동자들이 포부와 근면성, 진취성(enterprise)을 가지고 축적에 기여하기 가장 좋은 위치에 서게 하여 축적을 용이하게 한다는 데 있었다. 에릭 홉스봄(Eric Hobsbawm)은 현대 자본주의의 부상과 강화를 연구한 그의 유명한 역사서에서 재산의 변화한 속성과 관련되어 있는 자수성가한 새로운 출세주의자에 대해 지속적으로 다룬 바 있다.[4]* 귀족 지주와 토지 소유주가 전통적인 구(舊) 계급들에서 지배계급을 형성하고 있었다. 하지만 19세기에 이르러 토지라는 재산은 비록 부분적이고 고르지는 못했지만, 땅과 자본을 부여받지 못했던 사람들이 사적으로 취득할 수 있는 좀 더 소박한 형태의 재산에 자리

---

* 에릭 홉스봄, 『자본의 시대』, 정도영 옮김, 한길사, 1998.

를 내주었다. 상속된 특권과 유산으로 굳어진 자본주의 팽창 이전의 경제적 침체는 훨씬 역동적인 사회로 대체되어갔다. 사회이동의 가능성은 사람들이 더 열심히 일하고 소유에 투자할 인센티브를 만들어냈다.

이러한 사회이동을 뒷받침한 것은, 19세기 영국에 대해 쓴 역사학자 모리스(R. J. Morris)가 재산 전략(strategy of property)이라고 기술한 것이었다.[5] 대출을 받아 집이나 국채, 주식과 같은 시장성 있는 자산을 취득하는 사람들이 점점 더 많아졌다. 그들은 담보대출과 신용대출을 받으면서 불로소득을 거둬들였다. 만약 그들이 수입을 잃으면, 이 손실을 메우기 위해 자산을 팔 수 있었다. 재산을 획득해가는 단계는 그들 가족의 생활주기를 따랐다. 그들은 통상 자산을 취득하기 위해, 그리고 아들의 취업이나 창업자금을 마련하기 위해 대출을 받았을 것이다. 그런 이후 자산을 활용하여 불로소득을 얻었을 것이다. 이것이 당시 인기를 얻고 있던 절약과 저축의 가치에 실용적 의미를 부여했다. 그렇지만 여가생활은 누리기 힘들었고, 새로운 자산을 소유한 사람들이 얻는 것에 불안과 불안정이 드리워졌다. 그럼에도 불구하고, 그들은 노후의 안락함이 소유가 주는 특권에 달려 있다고 생각하면서 이를 얻기 위해 애를 썼다.

전 세계가 어떻게 단일 경제체제로 운영되는지를 연

구하는 학자들은 19세기 영국과 같은 핵심국가에서 이루어진 부의 증대와 재산의 증식이 다른 국가를 지배하지 않고서는 불가능했을 것이라고 지적하면서, 핵심국가가 아닌 주변부 국가에 주목한다. 식민지 시대부터 줄곧 이 주변부 국가들은 핵심국가의 공업생산에 필요한 식품과 원료를 공급하고, 값싼 노동을 제공하며, 글로벌 생산과정의 환경 피해를 흡수하고, 핵심국가들에서 온 소비재와 대출상품이 지배하는 독점시장으로 기능하는 등 다양한 방식으로 착취되어 왔다. 핵심국가에서의 사유재산 증식은 이런 과정이 있었기에 가능했다. 세계의 어떤 지역은 현재 중산층으로 식별되는 인구의 광범위한 스펙트럼을 가지는 반면, 다른 곳에서는 거의 소수의 사람들만이 그와 유사한 구별에 이르고 있는데, 이는 노동과 자본의 불균등한 글로벌 분배에서 비롯된다. 자본주의 생산의 잉여가치는 전 세계적으로 이동하기 때문에, 물리적·물질적 자원의 국제적 교환에서 더 큰 힘을 행사하는 핵심국가들은 그 잉여가 자국 시민들 쪽으로 흘러올 수 있도록 개입한다.[6]

하지만 사유재산은 핵심국가들에서조차 기만적 (tricky)이라는 것이 입증되었다. 자본주의의 초창기에는, 경제성장에 있어 사유재산이 가지는 중요성이 상속되는 재산과 생득권을 대체한다는 데 있었다. 그것은 점점 더 많은 사람들이 그들의 미래를 위해 일하고 투자하게 만들었으며, 불로소득에의 안주와 경제적 침체의 대척점에 바로 근면성과 절약이 있다는 것을 전형적으로 보여주었다. 그러나 소유를 좇는 사람들에게 있어 약간의 소비를 희생하고 좀 더 노력하는 것은, 언젠가는 그런 많은 노동과 투자를 그만두기 위해서 혹은 자식들이 그렇게 하도록 도울 수 있기 위해서만 그럴 만할 가치가 있었다. 사람들은 재투자하지 않고 재산을 보유하기를 원했다. 그들은 재산을 이용하여 편안하게 살 수 있는 불로소득을 얻기를 원했다. 이윤의 극대화보다는 윤택한 가정생활이 기업과 개인이 하는 자산 축적의 공통된 목적이었다.[7]

가계 재산에 대한 투자의 대중화는 19세기 경제학자 앨프레드 마셜(Alfred Marshall)과 같은 영향력 있는 논객들로 하여금 이를 칭송하게 만들었다. 그는 공동의 복리를 위해 국가가 재산소유를 보호해야 한다고 주장했으며, 이러한 권리에 대한 국가의 침해에 맞서 재산소유권을 옹호했다. 그는 초기 자본주의의 주창자들에 대해 낙관론을 펴면서, 축적 전반과 저축 및 투자를 통한 사람들의 재산 취득이 당연히 상호 의존적이고 상호 연계되어 있다고 생각했다.[8] 개인 투자와 경제성장의 결합은 소유와 기업가 정신(entrepreneurship)이 성장의 두 가지 동력으로 작용한다는 다음 세대의 관념에 스며들었다. 그러나 일부 사람들은 위험과 기회, 자유경쟁이라는 시장 친화적인 이상에 헌신했던 바로 그 기업가들이 새로운 출세염원자의 침범에 맞서 세력을 규합하여 자신들의 투자를 보호할 수 있게 되자마자, 시장 파괴적인 독점주의자로 변모한다는 것을 깨닫게 되었다.[9]

사회학자 이매뉴얼 월러스틴(Immanuel Wallerstein)은 "중산층"이라는 명칭의 부적합성을 숙고하면서 이 역설에 대해 고심했다.[10] 그는 부르주아가 공식적으로 지배적인 귀족을 타도하고, 금전 거래의 영역을 넓히고, 근대세계의 경이로움을 불러일으키기 위해 들고 일어났다는 허구적 이야기에서 이를 추적했다. 그는 봉건주의적 지대 추구에서 산업이윤의 창출로 이어지는 재산의 역사적 진화가 이 허구적 이야기 속에 담겨 있다고 말하였다. 하지만 실제로 이런 종류의 시간적 연속은 일반적으로 일시적인 것이었고, 대개 다른 방향으로 진행되었다. 모든 자본가는 이윤을 진정한 경쟁시장이 허용하는 것보다 더 높은 수입인 불로소득으로 전환시키고자 하였다. 자본가들은 구조적으로 그들의 이윤을 극대화하도록 유도되기 때문에, 자본주의는 광범위한 자유기업(free enterprise)이라는 것을 전혀 알지 못했다. 그런 이유로 그들은 항상 소유에 있어 독점적 지위와 유리한 위치를 찾는 데에 주의를 기울인다. 이렇게 거둔 그들의 성공과 그에 따른 특권의 누적은 문학과 정치이론에서(월러스틴은 토마스 만의 『부덴브로크가의 사람들』에서부터 19세기 이집트의 귀족화까지 예로 들고 있다) 부르주아의 배신을 예시하는 것으로 여겨졌다. 그들의 배신은 바로 자본주의가 부여하는 기업가(enterprising) 역할을 거부하는 것이었다.

  그럼에도 불구하고, 자본주의는 지칠 줄 모르는 자기개발자로서의 중산층이라는 이데올로기적 상으로 전형화된다. 월러스틴은 중산층이라는 명칭이 허구더라도, 어떤 이야기를 주인공 없이는 할 수 없기 때문에 근대세계에 대한 모든 설명에 중산층은 다시 나타난다고 설명한다. 기업가적 행위자의 확산을 사실로 상정하면, 이 행위자들이 전형화한다고 가정한 자본주의의 비전으로 진보적 성장과 발전을 내세우기 쉬워진다. 그러나 전형적인 중산층으로 행동하던 사람의 기업가적 면모는 동일한 행위자가 지닌 불로소득을 얻고자 하는 열망에 부딪히게 된다. 이 두 가지 충동은 모두 행위자에게 자기 발전의 일시적 기회만을 제공하는 시스템인 자본주의에 고유한 것이다. 축적의 역동성이 결국 이런 행위자들의 목표를 약화시키기 때문에, 권력자들은 필연적으로 이를 되살려낸다. 제2장의 나머지 부분에서는 이 모순을 개념적이고 문화기술지적으로 구체화하는 작업을 수행하고자 하는데, 우선 프랭크 나이트(Frank Knight)가 암시했던 것에 대해 살펴본 후 서구와 주변부 지역의 재산 전략에 대해 논의해보고자 한다.

경제학자 프랭크 나이트의 『위험과 불확실성 및 이윤Risk, Uncertainty, and Profit』*은 현대 시대에 필요한 종류의 '위험 감수'를 일찍이 옹호하여 현재 다시 유행하는 기쁨을 누리고 있다.[11] 나이트는 주류 경제학과 맥을 같이하면서, 경제가 물질적 재산이나 돈 혹은 단순한 일할 능력을 지닌 수많은 이익을 추구하는 개인들 사이의 상호작용을 반영한다고 간주한다. 이런 재원의 가치를 극대화하기 위해서, 그들은 가장 많이 그리고 가장 소중한 공헌을 할 수 있는 사회집단 혹은 전문집단에 이끌린다. 이 집단들은 결국 경쟁력 있는 보장을 통해 유망한 회원들을 끌어모음으로써 이익을 얻으려고 경쟁한다. 이는 공헌한 만큼 보상을 받게 되는 것을 통해 모든 사람이 최대한도로 공헌할 동기를 갖게 만드는 체계이다.

나이트는 이 시스템의 역동성이 그 행위자들을 괴롭히는 불확실성에 있다고 본다. 사고파는 재원의 가격은 그것이 지닌 생산성의 추정치이다. 일단 생산이 시작되고 나

---

* 프랭크 하이너먼 나이트, 『위험과 불확실성 및 이윤 』, 이주명 옮김, 필맥, 2018.

면, 공급이나 수요와 같은 조건들은 초기의 예상을 확인하거나 뒤집는 방식으로 바뀐다. 미래를 알 수 없기 때문에, 제품을 생산하는 비용은 그 제품이 최종적으로 팔리는 가격과 다르다. 생산의 불확실성은, 기업가들이 경쟁으로 말미암아 그들이 고용한 노동력과 이용한 재원에 지불해야 하는 금액과 생산품의 최종 판매에서 얻을 수 있는 금액의 차액에서 이윤을 얻을 기회를 제공한다. 이들 고용주뿐만 아니라 그들에게 자금을 지원하는 금융업자들은 미래의 이윤에 대해 정기적으로 추정하여 이에 따라 투자한다. 나이트는 소유와 불확실성의 경제적 가치에 대한 강력한 논거를 만들어냈다. 물건을 획득하고 소유할 가능성은 그에 내재한 위험에도 불구하고 모든 사람이 투자하도록 장려한다는 것이 바로 그것이다. 미래에 대한 불확실성은 위험을 감수하는 수많은 기업들에게 생기를 불어넣는다.[12] 이것이 없다면, 기업 활동은 멈추게 될 것이다.

또한 나이트는 사람들이 그들을 괴롭히는 불확실성을 최소화할 방법을 찾아냈다는 것도 알아냈다. 그들의 이러한 노력은 수많은 측정 가능한 모험을 통합하여 각각의 모험에서 발생할 수 있는 실패와 단점을 보완하도록 안내하는 통계와 모델링에 힘입은 바가 크다. 생산자들은 위험의 일부를 투자자에게 전가함으로써 손실을 회피한다. 투자자들은 주식을 발행하여 위험을 분산시키는 반면, 전문 투기꾼들은 오류를 없애기 위해 투기 대상을 다양화하고 여러 번 베팅한다. 이러한 노력들은 위험 회피가 만연하다는 것을 보여준다. 사람들은 그들이 공동으로 창출한 부의 일부를 훗날 소유하기 위해 위험을 감수할 테지만, 일단 부가 축적되고 나면 이를 놓으려 하지 않는다. 따라서 경제적 축적의 관점에서 봤을 때, 이들의 성공은 재원을 다시 순환시키는 대신에 잉여가치를 뽑아내어 이를 개인용도로 비축함으로써 재원을 사회적으로 낭비하는 것으로 실현된다.

그러한 이유로 말미암아 나이트는 기여자들에게 주는 보상이 일시적이지 않으면, 그 경제시스템은 효율적이지 않을 것이라고 생각했다. 일시적 보상이 있어야만 사람들은 생산과정에 즉시 새로운 투자를 하고, 그들의 돈을 다시 유통시키며, 새로운 에너지를 가지고 다시 일터로 돌아갈 것이기 때문이었다. 따라서 나이트는 과연 사적 소유가 사회 구성원에게 투자에 따른 보상을 하는 가장 효율적인 방법인가에 관해 의구심을 가졌다. 또 그는 위험을 개인적으로 떠맡게 놔두는 것이 타당한지에 관해서도 의문을 품었다. 그는 심지어 "점잖고 자존감 있는 존재의 근간이 흔들리는 곳"에서는 소유의 자유와 위험 감수를 제한해야 한다는 생각까지 하기도 했다.[13]

나이트가 생각한 점잖은 존재를 위협하는 소유의 특징은 바로 사람들의 안정에 대한 추구를 소유가 구체화한다는 것이었다. 재산을 쥐고 있는 사람들은 그들이 할 수 있는 한 그 재산을 보유하려고 힘쓴다. 이는 끝도 없고 위험부담이 큰 투자에 의해 추진되는 경제성장과 재산을 보유하려는 노력을 그만두는 것에 달려 있는 사람들의 복리가 서로 합쳐진다고 여전히 믿고 있는 사람들에게는 심각한 문제가 된다. 사실상 이는 경제의 축적 과정과 그 경제에서 활동하는 사람들의 목표가 서로 어긋난다는 것을 보여주는 증표다. 사람들의 실제 행동에 비춰봤을 때, 재산 투자의 편재는 기업가적인 추진에 의해 붙잡은 기회라기보다는 안정을 확보할 수 있는 대안이 부재하여 사로잡힌 일종의 강박처럼 보인다.

재산의 이데올로기적 토대는 중산층과 유사한데, 양자가 투자 개념으로 응축되는 한에서 그렇다. 우리는 투자를 재산을 축적하는 수단으로 여기고, 재산을 우리가 투자하는 가치의 보고(寶庫)라고 인식한다. 위험과 불확실성이 가득한 사회적 환경에서 물질적·비물질적 재산에 투자하는 것은 더 나은 삶을 위한 최후의 도전이다. 자유주의 사상은 소유라는 목적을 자명한 것으로 생각하고는 하지만, 우리는 그 자체를 위해서가 아니라 그것이 나타내는 모든 것을 위해 재산에 투자한다. 투자는 안정을 기준으로 삼고 번영에 대한 희망을 부과하면서 우리가 재산에 귀착시킨 정서적, 사회적 혹은 도덕적 의미를 실현하는 수단이 된다.

사회학자 데비 베처(Debbie Becher)는 주정부가 토지수용권(사유재산을 공용으로 전용할 수 있는 국가의 법적 권리)을 행사하여 개발을 위해 사적 재산을 인수하는 과정 속에서 드러난 필라델피아 대중의 노력을 분석한 바 있다.[14] 사적 소유의 신성함에 대한 일체의 자유주의적 수사를 들을 것이라는 예상과 달리, 베처는 집을 몰수당한 대부분의 사람들이 소유한 재산에 얼마나 집착하지 않았는지를 설명했다. 그들은 주정부가 그들의 투자 가치를 보장하고 이를 공정하게 보상하겠다고 약속하는 한에서 주정부가 합법적으로 그들의 재산을 수용하는 것을 받아들였다. 재산을 위해 돈과 시간, 노동, 감정, 관계를 희생한 그들의 최대 관심사는 그들의 노력이 허사가 되지 않고 그들의 삶이 안정되는 것을 확실시하는 것이었다.

베처는 또한 이 사람들이 집의 가치를 올리기 위해서 혹은 손실을 보상하기 위해서 그들의 거주지를 매력적으로 만드는 이웃 네트워크나 조직을 만들고 유지했다고 설명한다. 재산의 가치를 보호하고 증대시키려는 조치는 대개 매우 배타적이다. 가령, 그들은 타인이 자신들과 동등한 투자를 하지 않고도 어떤 종류의 재산을 얻는 것을 막기 위해 힘을 쓰거나, 또는 이 재산이 그 가치를 잃을 만큼 널리 퍼지는 것을 막기 위해 노력했다. 우리는 우리가 소유한 것과 같은 것을 소유한 사람들과 공모하여 자유 경쟁을 약화시킬 수 있는데, 가령 우리의 이웃과 학군에서 특정 사람들을 배제하는 토지이용제한법이나 그에 대한 세칙을 지지하는 것을 그 예로 들 수 있다.[15] 우리는 보험회사가 보험금 청구를 철저히 따져 물어서 우리의 위험 공동 관리체계(risk pool)에 아무나 들이지 않을 것이라고 믿는다. 우리는 우리의 아이디어나 저작물, 심지어 우리가 이용하는 인터넷 연결망까지 타인이 우리의 허락 없이 또는 보상을 하지 않고 사용하면 화를 낸다. 그리고 우리는 우리가 취득하기 위해 열심히 노력한 학위나 전문자격증의 취득 기준이 그대로 유지되기를 바란다.

　　우리가 재산을 중시하는 것은 특정 자산을 더 장악하고 싶어 해서가 아니다. 그리고 투자는 타인의 재산 가치와 비교되는 가치를 실현하는 한에서만 중시된다. 재산이 분명한 방법으로 우리의 자산을 증대시키지 못할 때, 우리는 그것이 타인들보다 우리에게 주는 이익에서 안정을 구하는 환상의 나라를 만들어낸다. 우리는 시간이 지남에 따라 다른 사람들(때때로 우리가 소득과 재원을 두고 경쟁을 벌여야만 하는 바로 그 사람들)이 우리가 소유한 것을 소유하지 않았을 때, 우리보다 더 많이 소비해야 한다는 사실로부터 사회적으로, 물질적으로 이득을 얻고자 한다. 그리고 우리는 만약 우리의 재산 가치가 폭락한다면, 우리보다 재원을 더 적게 가진 이들이 먼저 쓰러질 것이고, 이들의 사체가 우리의 충격을 완화해줄 것이라고 자위한다.

재산 전략은 하나가 아니다. 경제학자들은 이 전략이 주는 이익을 불로소득과 관련시키는데, 이는 희소한 재산을 소유한 사람이 그 사용료를 타인에게 부과할 수 있는 부가 가치(added value)로서, 가령 소유한 아파트를 임대하여 얻을 수 있는 가치 같은 것을 말한다. 세입자도 임대료가 시세보다 낮게 고정될 수 있게 하여 그들이 받는 이런 보호조치로부터 불로소득의 가치를 얻을 수 있다. 또한 가치는 어떤 집단이 그들의 민족이나 종교집단, 또는 그들이 사는 거주지를 위해 더 나은 공공서비스와 기타 공공 자원을 확보하려고 할 때 집단적이고 간접적으로 부과된다. 사람들은 경제적·법적·정치적 자원을 동원하여 주택, 학교, 전문자격증, 보험 풀, 신용 거래, 또는 이웃주민과 동네, 국가와 같은 사회적·문화적·물질적 인프라의 공급이나 이에 대한 일반 사람들의 접근을 제한함으로써 그들이 가진 재산의 가치를 높일 수 있다.[16]

사적인 불로소득 추구의 변종 중 하나는 사회보험제도이다. 사회보험은 재산소유권에 반한다거나 심지어 이를 침해하는 것이라는 오해가 널리 퍼져 있다. 하지만 사회보험은 실업이나 병치레, 노령화를 겪으면서도 수입이 지속적으로 유지될 수 있게 설계되었다. 이런 종류의 지원 덕분에 우리 대부분은 재산을 저축 및 투자하고, 그 가치를 유지해서 자녀들에게 물려주는 것을 기대할 수 있는 것이다. 이런 폭넓은 위험 공동 관리체계와 위험 경감 제도는 수입이 끊겨 엄청난 부채에 파묻힐 것이라는 두려움 없이 우리가 수십 년 동안 엄청난 부채를 떠안고 살게 만든다. 또한 사회보험은 다수를 위한 장기 융자에 고질적으로 따르는 채무 불이행의 위험을 은행이 감수하게 만든다. 연금기금은 보험 풀이 노동자가구를 신용할 수 있는 안전망을 제공하는 한에서만, 은행과 담보대출 기관으로부터 오는 자금을 매입한다. 이것이 바로 역사적으로 선진 경제국의 인구가 가계 재산을 일제히 매입할 수 있게 한 메커니즘이다.[17]

이 모든 전략은 우리가 좋든 싫든 축적과 관련되어 있다는 것을 보여준다. 만약 우리가 재산을 소유하고 있다면, 우리는 그것의 가치가 우리의 안정을 앗아갈 정도까지 떨어지지 않도록 하고 싶을 것이다. 그러므로 우리는 타인이 추구하는 것이 우리가 지닌 가치를 위태롭게 하는지를 늘 경계의 눈초리로 살펴보아야 한다. 또한 우리는 경제학자들이 건강한 성장률이라고 부르는 것을 유지시키는 힘을 주시해야 하는데, 우리는 이 힘이 경기 침체, 인플레이션, 금융위기의 파괴적 영향력으로부터 우리의 자산을 보호해줄 것이라고 기대한다. 이는 사회보험제도를 소유권에 대한 보호책이자 지렛대로 보면서 선호하는 사람들에게도 마찬가지이다. 그런 제도는 재정 압박에 매우 민감해서 주정부가 예산을 짤 때 이를 최우선순위에 놓는다. 원칙적으로 우리는 소유권을 위한 다양한 대책과 열망을 통해 축적 과정에 맞춰진다.

제2차 세계대전 이후의 서유럽을 연구한 사회학자 슈테펜 마우(Steffen Mau)는 사회보험이라는 소득안정화 제도가 어떻게 노동인구의 대부분이 집을 사고, 교육을 받고, 미래를 위해 돈을 저축하고, 재산을 모으도록 했는지 보여준다.[18] 자격증을 갖추고 재산이 있는 이런 노동자들은 세금과 인플레이션을 통한 몰수를 막는 방식으로 돈을 투자하는 방법을 이후에 알게 되었다. 또한 그들은 노동소득이 증가하는 것보다 재산과 자산에 대한 투자에서 더 높은 수익(return)을 얻게 되었다. 결과적으로 그들은 더 이상 예전처럼 사회보험제도를 지지하지 않았고, 대신에 사적인 불로소득 징수(rent collecting)를 용이하게 하고 이를 보호하는 정책을 지지하기 시작했다.

인류학자들은 이런 집단에 대한 상세한 분석을 제공한다. 예를 들어, 인류학자들은 스웨덴에서 복지국가의 제도적 기반을 유지하려는 시도가, 거래 시에 국가에 지불된 부가가치세가 표시된 영수증이 발급되어야 한다는 스웨덴 국민들의 주장 속에, 누가 그리고 어떤 행위를 해야지만 채무면제를 받을 자격이 되는가에 대한 그들의 열띤 논쟁 속에, 그리고 부랑자와 기생충으로 간주되는 사람들을 공동체 밖으로 내쫓는 추방령 속에 어떻게 반영되어 있는지를 보여준다.[19] 스웨덴 공적연금제도의 자유화는 그들의 위험 공동 관리체계를 약화시켜서 스웨덴 사람들은 스스로 저축을 관리할 준비가 되어 있지 않다는 반항적인 대응까지 나오는 지경에 이르렀다. 그럼에도 불구하고, 그들 중 다수는 주식이나 개인보험, 부동산을 계속해서 사들이고 있으며, 그에 따라 스웨덴의 재산시장은 지금 호황을 맞고 있다.[20]

독일의 부과방식 연금제도(pay-as-you-go pension system)는 비교적 탄력적이다. 여타의 사회보험제도들과 함께 독일의 연금제도는 독일의 현 퇴직자들을 현대 역사에서 가장 행복한 사람들로 일컬어지게 만들었다.[21] 독일의 금융화에 관한 더 큰 규모의 연구를 진행하면서 그 일환으로 최근에 퇴직한 사람들을 인터뷰한 적이 있었는데, 나는 그 과정에서 그들의 재산 추구 및 보호와, 중산층 이데올로기 사이의 관계를 추적하였다.[22] 나는 그들 중에 주택소유자들이 가정을 꾸릴 때 가격의 변화를 거의 고려하지 않고 집을 사기 위해 대출을 받았다는 사실을 알아냈다. 부동산 가격의 변동은 기대하지도, 대비하지도 않은 예기치 못한 사건들로 그들을 강타했다. 또 그들은 취업 기회에 대해 많이 생각해보지 않고 흥미를 가진 직업을 가지기 위해 공부하고 훈련했다. 그들은 취득한 자격증으로 일자리를 얻었고, 경력이 단절될 때마다 실업보험, 육아수당, 복직을 위한 재교육 프로그램 등의 도움을 받을 수 있었다. 직장생활을 하는 동안 그들의 급여에서 자동 공제되는 것은 대부분의 경우 그들의 은퇴 전 생활수준을 유지하는 수준의 퇴직연금에 청구되는 것이었다. 이 수준은 단계적인 공교육 및 훈련 프로그램과 같은 제도를 통해 그들이 축적한 재원에 맞춰졌고, 그들의 기대치와 이러한 수준을 일치시키는 등급화한 급여 척도를 지닌 일자리가 만들어졌다.

이런 보호 및 지원 장치는 물질적 소유와 직업적 자격 사이에 발생하는 불평등을 최소화하지 못했다. 보호와 불평등의 결합은 그들이 개인적 노력과 투자를 중시하게 고무하였고, 그들의 서로 다른 운명과 지위는 이에서 비롯되는 것이라고 생각하게 만들었다. 많은 사람은 그들이 절약해서 교육을 받았다고 말했고, 몇몇 사람은 대출을 받은 적이 없다는 사실을 자랑처럼 이야기했다. 대출을 받은 사람들은 으레 그들이 상환을 얼마나 꼼꼼히 챙기고 있는지 말하고는 했다. 그들은 자신이 생각하는 한 모두 자수성가한 사람들이었다. 물론 일부는 그들의 부모나 은행으로부터 받은 재원 덕분에 좀 더 수월하게 살 수 있었지만, 그들은 이를 자신이 한 일에 비해 언급할 가치가 없다고 여겼다. 공공지원 교육이나 훈련 프로그램, 일자리 보호 및 보험제도는 그들이 기술을 개발하고 적용하게 장려했지만, (설령 그렇다고 하더라도) 이런 제도들을 배경요소로 간주할 뿐 그들의 개인적 투자가 더 중요하다고 생각했다. 학교 성적이 좋았고, 좋은 사회적 관계망을 형성했고, 전문기술을 습득했으며, 자가(自家)를 마련한 그런 사람들은 부(fortunes)를 스스로 개척할 지성과 결단력을 자신이 지니고 있다는 데에서 자부심을 느꼈다.

한 퇴직한 특수교육 교사의 이야기가 좋은 예이다. 소소한 연금을 받고 있던 그와 그의 아내의 전 재산은 집이었다. 특별히 신경 쓸 일이 생기면, 그들은 이윤(profit)을 남기고 이 집을 팔 수 있었다. 그들의 집은 볼품없이 크고 오래된 주택이었는데, 그들은 오래전에 이를 수리가 안 된 채로 구입했고, 그 매입비용을 당시에는 거의 상환이 끝나가던 대출금으로 충당했다. 그들은 남편이 종신재직권을 받아 은행에 대출금의 전액 상환을 보증한 이후에야 대출을 받을 수 있었다. 그들은 가족과 친구들의 도움으로 집을 보수했고, 수년 동안 주말과 여름방학을 할애해 그 집을 고쳤다. 그는 "힘들게 일하기는 했지만 우리는 가치를 창출했고, 그 성과를 얻었습니다. 그 외의 다른 방법으로는 이 집을 살 수 없었습니다"라고 말하였다.

그와 동일한 사회적 배경을 지닌 아이들에게 흔했던 것처럼, 그는 직업학교에 보내졌고 현재는 없어진 인화(印畵) 기술을 익히는 훈련을 받았다. 일을 하면서 고등학교 졸업장을 취득하기 위해 야간학교를 다녔고, 그 후에는 그가 항상 바라던 교사가 되기 위해 학비가 무료인 공립대학에 다녔다. 그는 나중에 특수교육을 가르치기 위해 이를 위한 공공 훈련 프로그램을 이수했다. 직무를 탁월하게 수행하면서 여러 해 동안 중요한 직책을 맡아 호봉을 올렸다. 그의 삶을 돌이켜볼 때, 집 얘기는 다시 나왔다. 그는 "우리의 생활수준은 우리가 여기서 살 정도로, 그리고 잘 살 정도까지 꾸준히 향상되었습니다. 나는 기계공의 아들입니다. 오늘날의 나는 완전히 중산층이죠. 하지만 원래 훈련받았던 일을 제가 계속하고, 적극적으로 기회를 활용해 제 일을 잘 해내지 못했다면, 저는 결코 지금의 제가 될 수 없었을 겁니다"

라고 말하였다.

인터뷰한 퇴직자들에게 그들의 장성한 자녀들에 관해 물어봤을 때는 이와 매우 달랐는데, 그들 자녀 중 대다수는 어려움을 겪고 있었다. 그 퇴직자들은 전후 독일의 정책들이 그들에게 신뢰감을 심어줘서 형성된 투자 풍조와 그들 자녀가 겪는 어려움을 조화시키지 못했다. 그들은 자녀가 나약하거나 실패한 것이 아닌지 의심했다. 이 아이들은 부모와 달리 풍족하게 자라서 돈과 노력의 진가를 알지 못했다. 소비지상주의의 아찔한 유혹에 맞닥뜨린(장난감 때문에 손주들이 수치심을 느끼는 것을 믿을 수 없었던) 그들은 저축을 하지 않고 먼저 대출을 받았다. 그 퇴직자들은 자녀에게 많은 도움을 주었고, 때때로 이를 자신들의 자랑스러운 독립심과 대조하고는 했다. 그들이 자신의 미래를 걱정한다면, 이는 정치적 국면에서 가해지는 공적연금제도에 대한 집단적 위협이나 압박과 관련이 있었다. 그러나 그들은 자녀에 대한 염려로 인해 자신들의 투자를 검증하던 위험 공동 관리체계 및 규제기관으로부터 등을 돌렸다. 베를린 아파트의 가치가 지난 10년 동안 두 배로 늘어난 한 부부는 다음과 같이 말하였다. "이런 부동산 거품은 사회에 매우 나쁘지만, 우리 아이들에게는 좋은 일입니다. 아이들은 자신들이 절실히 원하던 것을 유산으로 얻게 될 테니까요."

공공 위험 관리체계를 선호하는가 아니면 사적인 불로소득 추구를 선호하는가 하는 문제는 특정한 국가 경제의 조건 속에서 결정되는 그것들의 실행 가능성에 따라 답이 달라진다. 변함없는 것은, 재산은 그 가치가 보호되든지 말든지에 관계없이 그 소유자와 추종자들을 사리사욕을 통해 축적의 힘에 결박시킨다는 사실이다. 우리는 투자를 하고 그런 투자를 가치 있게 만들기 위해 노력함으로써 자산에 대한 책임을 진다. 투자에 수반되는 위험은, 우리가 투자를 자제할 때보다 투자를 할 때 미래의 목표를 달성할 수 있는 더 좋은 기회가 주어진다고 확신하면 더 받아들이기 쉬워진다. 우리는 우리가 한 투자가 상당히 예측 가능한 결과를 낳기를 기대한다. 이러한 결과는 안정에 대한 우리의 추구를 뒷받침하기에 충분한 가치를 유지하는 한 처음의 가치와 정확히 같거나 클 필요는 없다.

하지만 끝없는 투자와 위험 부담이 큰 사업을 통해 경제가 성장한다면, 재산은 안정을 낳을 수 없다. 자본주의 경제에서 재산은 광범위하고 지속적인 투자에 적합하다. 즉 노동자들로부터 자산을 끌어내어 이를 시장에 내보내는 것이다. 모든 사람을 끌어들이기 위해서는 투자가 실질적이고 가시적인 보상을 제공해야 한다. 그러나 축적이 아무런 방해를 받지 않고 계속되려면, 이러한 보상은 프랭크 나이트가 암시한 것처럼 정치적 수용 범위 내에서 일시적이고 짧게 이루어져야 한다. 중요한 것은, 이러한 과정은 우리가 투자를 멈추는 것을 허용하지 않으며, 대다수가 가만히 앉아 불로소득을 거두는 것을 좌시하지 않는다는 것이다.

재산은 추상적인 개념이라서 이러한 방식으로 사람들을 유혹하는 미끼로 쓰인다. 재산은 집이나 자동차, 저축 계좌가 아니며, 화폐나 보험, 혹은 학위나 전문자격증 같은 것이 아니다. 이 모든 것과 그 밖의 더 많은 것을 포괄하는 일반적 범주는, 바로 재산을 그러한 것들이 가져올 시장 가치에 접근하는 수단으로 정의하는 것이다. 그러나 자본주의 체제에서는 가치가 본래 불안정하다. 심지어 우리가 우리 소유물의 시장 가치를 안다고 생각할 때조차, 우리가 그것에 대해 그다지 많은 것을 할 수 없는 순간에도 그 가치는 바뀔 수 있다는 것을 알게 된다. 우리가 재산을 소유할 때 가지는 것은, 그것이 가치로 식별되는 한 우리 모두가 생산한 것의 극히 일부이다. 그 일부는 공급과 수요 같은 시장의 힘에 따라 증가 및 세분화하고, 시장 교환과 노동 조건에 영향을 미치는 사회적 · 정치적 힘에 따라 변동하는 끊임없는 변화 흐름 속에서 다른 부분들과 연관된다. 우리는 재산이 실체적인 측면에서 우리가 부여한 가치를 저장하고 있는 것처럼 보이기 때문에 재산에 투자한다. 하지만 우리의 재산에 압축된 가치는 우리의 명령 밖에 있기 때문에 이러한 모습은 하나의 환상일 뿐이다.

우리는 저장된 가치에서 우리가 차지하는 몫이 총계에 비해 커지거나 적어도 그에 비해 지나치게 많이 줄어들지는 않을 것이라고 기대한다. 우리는 투자 대상을 다양화하여 가능한 한 손실의 위험을 줄이려고 한다. 우리는 적어도 우리가 투자한 가치를 언젠가는 되찾게 해줄 최선의 기회를 제공할 것이라고 생각되는 재산을 소유하기 위해 애쓰고, 이에 투자하고, 이를 계속 장악하려고 노력한다. 의심이 들면, 우리는 수입과 재원을 두고 늘 다른 구성원과 경쟁해야 하는 환경에서 재산이 우리에게 주는 이점에 눈을 돌린다. 노동소득과 기타 재원이 신뢰할 수 없거나 부족할 때, 재산은 이를 덜 소유한 사람보다 더 많이 소유한 사람에게 주는 이익으로 우리를 유혹한다. 이러한 이익은 대개 재산의 가치가 떨어져도 지속된다. 재산의 상대적 가치로 구현된 이러한 경쟁적 이익은 진정한 안정과 번영을 대신하게 된다.

재산이 있으면 안정된다는 환상을 믿고 이를 더 얻으려 안달하는 것은, 중산층이라는 관념에 현혹되어 그것이 주는 압박에 한탄하는 것과 다를 것이 없다. 이 두 가지 경우가 암시하는 자기 결정적 사회이동(self-determined social mobility)이라는 개념은 그와 동일한 고투를 불러일으킨다.

즉, 생활비를 구성하는 것들의 가격을 낮추기 위해 많은 사회적·정치적 에너지가 소비된다. 급등하는 주택가격과 자격증 취득 비용, 보험료 등은 점점 더 많은 사람들이 그러한 것들에 접근하는 것을 어렵게 만든다. 따라서 "적정 생활비의 상승", 즉 불과 한 세기 전 사람들이 누렸던 생활수준이 현 세대에게는 도달할 수 없는 수준이 되어버리고 마는 일이 벌어진다.[23] 우파 정치인들 중 일부는 신용이 안 되는 이들을 배제하고 "신용 거래를 할 자격이 있는" 노동자들에게 그러한 것들을 매입할 수 있게 신용 거래를 제공하자고 주장한다. 좌파 정치인들의 일각에서는 훨씬 더 많은 사람들이 적정한 재산 수준에 도달하고 이를 유지할 수 있게 하는 공적 보호제도를 마련하자고 주장한다. 우리의 성향과는 관계없이, 우리는 고집스럽게도 재산과 그것이 나타내는 가치로 다시 돌아간다. 다시 말해 우리는 대출금보다 적은 가치를 가지는 집, 빈곤한 노년을 맞게 하는 연금, 혹은 괜찮은 일자리 하나 얻지 못하게 하는 자격증 등과 같은 빈껍데기만 지니게 된다. 우리가 재산의 은밀한 매력에 매료되어 앞으로 나아가는 동안 우리의 등 뒤에서 축적이 투자와 그 집적에 손을 대는 곳이 바로 가치이다.

재산의 불안정한 가치의 한 가지 부작용은 과시적 소비의 부활이다. 소비와 소유는 일반적으로 반대방향으로 움직인다. 대부분의 사람들은 현재 과소비하지 않고 이를 저축하거나 대출이자를 갚아야지만, 주택이나 연금, 학위와 같은 비싼 재산을 마련할 수 있다. 따라서 사람들의 이목을 끌기 위해 호화로운 물건을 사는 것은 대개 중산층의 행동으로 꼽히는 것이 아니라, 비교적 성공한 저소득층 구성원의 행동으로 분류된다. 부유하지 않은 사람들은 물질적인 물건을 통해 그들의 상대적인 성공을 알릴 필요가 더 크다고 설명된다.[24] 그러나 불안정한 상태(precarity)가 자칭 중산층의 삶에 만연하게 되면, 상황은 확 달라진다. 레이첼 헤이만(Rachel Heiman)은 미국의 교외 거주자들을 상대로 한 문화기술지 연구에서, 그들의 불안정이 눈에 띄는 SUV, 고급 스포츠 용품, 더 큰 집, 그리고 눈길을 끄는 건축용 장식품 등의 과시로 바뀐다는 것을 보여주었다.[25] 그들이 거둔 성공의 취약성은 외양에 대한 공격적인 소비를 유발한다.

재산소유를 비판하는 이들은 때때로 소수에게 재산이 집중되면서 발생하는 사회적·경제적 비용에 관해 경고하면서, 이의 공평한 분배를 요구한다. 널리 읽힌 토마 피케티(Thomas Piketty)의 『21세기 자본 *Capital in the Twenty-First Century*』이 이에 해당하는 최근의 예다.[26]* 그는 제2차 세계

---

* 토마 피케티, 『21세기 자본』, 장경덕 외 옮김, 글항아리, 2014.

대전 이후의 수십 년을 제외하고, 현대 자본주의의 거의 모든 시점에서 재산 수익률이 어떻게 임금률에 간접적으로 반영되는 경제성장률을 초과해왔는지를 보여준다.[27] 간단히 말해서, 재산은 전통적으로 노동에 비해 더 큰 금전적 가치를 낳는 원천이었다. 재산이 없는 사람들은 총체적으로 그들 집단의 재산에서 창출되는 수입보다 더 적은 노동소득을 받으면서 더 높은 지대(rent)를 낸다. 재산소유자들은 그들의 자녀들이 더 많은 것을 얻는 데에 도움을 줄 수 있는 재원을 모아 물려줄 수 있는 반면, 재산이 없는 사람들의 앞날은 개선하기 더 어려워진다. 결과적으로 부는 특권층에 집중되고, 사회는 불공평해지고 정태적이 된다. 재산에의 접근과 상승 이동에의 기회가 제한되는 것과 함께 기업들은 지대 징수원으로 변하고, 대다수의 사람들은 투자 수단을 잃어버리며, 경제는 매우 느린 속도로 성장한다.

불평등에 대한 피케티의 폭로는 재산세에 대한 그의 제안과 함께 충분히 높이 평가받았고 면밀히 검토되어왔다. 하지만 그의 주장에서 특정 맥락은 비교적 관심을 덜 받았는데, 그것은 바로 재산 가치의 변동성이 증가하는 것이다. 그는 오노레 드 발자크(Honoré de Balzac)와 제인 오스틴(Jane Austen)의 19세기 소설을 골라서 극단적인 불로소득 사회(rentier societies)에서는 노동을 경멸하고 그 대신 상속받거나 결혼을 통해 얻은 재산을 추구하는 것이 얼마나 타당한 것이었는가를 보여준다. 노동소득보다 더 많은 수익을 가져오는 재산은 결혼에 집착하는 여주인공들에게 신빙성을 부여했다. 인플레이션이 존재하지 않았을 때는, 재산의 가치 또한 안정된 수입을 창출할 수 있을 만큼 안정적이었다. 19세기 소설가들은 재산의 가치가 세대를 거치면서도 똑같이 유지될 것이라고 전제하면서 그 가격을 소설에 적었다. 오늘날 재산은 그만큼 집중되어 있고 더 수익성이 높지만, 19세기와는 대조적으로 역동적이고 불안정하다. 지폐 더미는 관리하지 않고 재투자하지 않으면 눈앞에서 사라지기 쉽다. 피케티는 이런 변동성의 중요성을 제기하지만 바로 이를 일축하면서, 많은 재산을 소유한 사람들은 위험에 대비하기 위해 재산을 다양화한다고 주장한다. 이것이 사실일 수 있지만, 대다수의 노동자들이 소유하고 있는 재산은 상대적으로 고정되어 있고 다양하지 않다. 재산은 가치 변동에 너무 취약해서 더이상 안정을 가져다주지 못한다.

피케티의 설명은 불균등한 재산소유로부터 발생하는 불평등에 많은 관심이 쏠리고 있다는 징후이다. 사람들이 무엇을 얼마나 소유하고 있는지가 미치는 사회적 영향력을 논의하는 분석가들은 소유물의 가격이 높을수록 이런 이익을 얻는 사람들은 더 적어진다는 가정에서 논의를 진행한다. 하지만 그들은 재산의 가치 창출을 다루는 데에는 거의 시간을 투자하지 않는다. 불평등이 중요하지 않다거나 더 커지지 않는다는 것이 아니다. 불평등은 확실히 중요하며, 명백히 증가해왔다. 그러나 적어도 미국은, 다른 경제로 확산되고 있는 하나의 추세를 보이는데, 이는 수입의 급격한 오르내림이 지난 몇십 년 동안 훨씬 빠르게 증가했다는 것이다.[28] 재산으로부터 얻는 불안정한 불로소득 및 수익을 포함한 불안정한 수입은 가치와 축적의 관계하에서 면밀히 검토되어야 한다.

소유의 불평등에 관한 우려는 종종 부유한 엘리트에 대한 분개를 불러일으키지만, 생산과 재생산의 조건을 바꾸지 않고 부의 재분배에만 초점을 맞춘 시위와 개혁은 딱 그만큼의 성과만을 거둘 수 있다. 사회를 변화시키는 것보다 자신의 미래를 설계하고 지인들을 돌보는 데에만 많은 시간을 보내는 사람들이 불평등과 그것이 미치는 영향에 매우 예민한 것은, 그들의 노력이 비생산적일 때조차도 도산하지 않기 위해 일편단심으로 재산에 투자하게 만든다. 그리고 그것이 만들어낸 개인적 유대가 도구적이고 미미할 때조차도 사회적 투자는 우리의 공동 재산의 가치를 높여주는 것으로 간주된다. 또 이것이 우리 모두가 원하는 것들에 대한 경쟁의 압박을 강화하고 우리에게 안정을 제공하지 않는 때조차도, 타인에 대비한 우리의 이익을 지속시키고 그들에 비해 우리의 쇠퇴를 막아줄 불로소득을 계속 추구하게 만든다.

금융시장은 이제 우리가 전적으로 혹은 부분적으로 소유하고 있는 모든 것들의 가격을 예전보다 훨씬 덜 직관적인(intuitive) 방식으로 결정한다. 은행은 주택담보대출금 형태의 재산을 작은 조각으로 쪼개고, 이들을 다시 묶어 분할 투자 상품으로 판매한다. 보험회사, 연기금, 뮤추얼펀드 및 사모펀드 같은 기관 투자자들은 우리의 저축액을 모아 이러한 상품과 다른 기업들에 투자한다. 그렇게 함으로써, 그들은 우리의 이해관계를 결부시켜 금융의 지배를 강화하는 대규모 투자를 창출한다.[29] 전통적 의미의 재산소유자가 아닌 우리는 말 그대로 기업 주식과 묶음투자상품에 대한 수익권으로 구성된 포트폴리오를 갖거나, 혹은 저당 잡힌 주택과 투자 저축을 통해 간접적으로 경제 전반의 이해당사자가 된다. 소규모 재산소유자인 우리의 재산은 기업의 이윤이나 계좌 잔액에 대한 높은 금리 같은 것에 의존하게 된다.

자본시장을 통한 투자의 금융 풀링(financial pooling)은 축적의 관점에서 봤을 때, 사유재산의 낭비적인 비축을 상쇄하고, 자본의 이윤 창출 흐름에 방해가 되는 장벽을 낮추기 위한 것이다. 우리가 소유한 재산은 추상적인 요소로 쪼

개져서 경제 기업에 투자되고, 가장 높은 수익률이나 손실 위험을 찾아낼 수 있게 된다. 우리가 그런 방향으로 조종하지 않아도 그렇게 된다. 이 과정에서 주주들이 요구하는 수익을 달성하기 위해 노동의 생산성을 높여야 한다는 압력이 가중된다. 노동의 생산성이 높을수록, 동일한 양의 상품을 생산하는 데 필요한 노동시간은 줄어든다. 일반적인 자본주의 역학에서는 노동인구가 일자리보다 빠르게 증가해서 이후 수익성 있는 투자 기회를 갖지 못한 채 쉬고 있는 상태에서 자본과 직면하게 된다. 우리가 실제 사용할 수 있는 어떤 형태로든 총 가치가 사회에 다시 흡수될 수 없는 그런 과도한 투자들(amped-up investments)에 의해 이익은 촉진된다. 그러한 불균형은 우리의 재산과 투자 가치를 파괴하는 금융위기를 초래한다.[30]

우리는 더 이상 일관되고, 안정적이며, 눈에 보이는 재산의 소유주가 아니다. 우리는 이제 운이 좋으면, 재산의 구성요소가 압축되어 있고 광범위한 축적 추세에 따라 가치가 변동하는 금융상품에 대한 공동 투자자가 될 수 있을 뿐이다. 우리의 집, 자격증, 보험, 연금계좌는 안정의 올가미가 될 수 있다. 하지만 그런 안정이 실재한다면, 이렇게 쏟아부은 투자는 그 안정의 기반을 무너뜨린다. 그것은 안정적인 노동소득, 광범위한 사회보험, 그리고 널리 퍼진 공유지 같은 대안적인 보호대책의 가능성을 잠식한다. 우리가 우리의 재원을 금융시장에 맡기자마자, 그에 따라 변동성은 커지고 우리는 위험에 노출된다. 미래를 준비하면서 대응해야 하는 우발적 상황은 더 많아지고, 우리는 이런 상황을 견뎌내기 위해 재산에 더 많이 투자해야 한다는 압박을 받게 된다. 다른 안전망이 파괴된 상태에서 투자는 유일하게 남아 있는 예방책이 된다.

금융화는 안정과 복리를 위해 우리가 수행하는 재산 전략의 강박적이고 자멸적인 성격을 더 두드러지게 한다. 인류학자들은 이를 신 글로벌 중산층으로 칭송받는 사람들의 분투 속에서 지켜봐왔다. 이러한 분투는 사유재산이 오랫동안 존재하지 않다가 이제 막 재도입되고 있는 곳에서 가장 두드러지게 나타난다. 예를 들어, 중국에서는 공공주택의 소멸과 그에 따른 상업용 부동산의 증가로 인해 시민들이 물질적 측면에서, 그리고 기반시설 측면에서 계층화된 거주지에 모여들게 되었다. 이는 중국어로 "새로운 중산계층(new middle propertied strata)"으로 번역되는 새로운 중산층이 실재한다는 생각을 대중화시켰다. 이 계층에 속한 주택 소유자들은 소규모 투자자와 자신을 구별짓기 위해 소비자 전략(consumer strategies)을 사용하고, 그들 주거지의 이점을 늘리기 위해 다른 사람들을 배제하면서 서로 뭉쳤다. 불안정은 부동산의 민영화를 통해 축적한 재원을 지키기 위한 그들의 노력을 배가시킨다.[31] 인플레이션을 통한 화폐가치 하락과 통화가치 절하, 예측할 수 없는 시장 변화, 국가 개입에 대한 두려움과 함께 부동산 가격의 상승은 여타의 저축자들이 그들의 돈을 넣어둘 대체 저장소를 찾게 만든다. 이러한 저축자들은 자산 관리서비스와 금융상품에 의존하지만, 그것을 통해 돈을 벌지 못하고 때로는 손실을 입기도 한다. 그러나 그들은 주택 구매자들처럼 희망과 절망의 조합에 이끌려 그런 투자를 계속한다.[32]

후발사회주의 국가인 루마니아는 자멸적인 재산 전략의 또 다른 예를 제공한다. 그곳에서 토지는 사회주의 붕괴 이후에 이전 소유주들에게 돌아갔지만, 그 가치가 예산 낭비일 정도로 하락했다. 토지수령인들은 토지를 경작해서 농산물을 얻는 것이 같은 농산물을 사 먹는 것보다 비용이 더 들더라도 토지를 경작해야 했다. 위험과 빚을 짊어진 그들은 결국 물질적 안정 대신에 사회적 지위를 얻기 위해 재산을 이용했다. 하지만 카리타스(Caritas)의 피라미드식 예금[*]에서 어떤 수익도 내지 못했다. 1990년대 초, 카리타스는

---

[*] 루마니아 클루지(Cluj) 주에 있는 카리타스 은행에서 만든 투자 모델이다. 다수의 루마니아인들은 투자 금액의 8배를 준다는 약속을 믿고 투자하였으나, 얼마 지나지 않아 피라미드 사기, 또는 폰지 사기임이 밝혀졌다. 첫 투자자들은 약속대로 배당금을 받았는데,

새로운 중산층의 형성이란 담론을 등에 업고 루마니아인들을 투자 열풍에 휩싸이게 했다. 평생 동안 모은 저축액의 가치를 말살하는 치솟는 인플레이션 때문에 카리타스에 투자하는 것이 매력적으로 보였다. 카리타스는 루마니아인들에게 두 가지 변화를 가져왔다. 첫째는 경제에 대한 관념의 변화로, 정치인에 의해 계획되고 관리되는 경제로부터 추상적인 힘에 의해 작동하는 경제로 관념이 변화하였다. 두 번째는 노동만이 수입의 합법적인 원천이라는 생각에서 금융의 순환을 통해 그 자체를 재생산하는 돈이 수입의 원천이 될 수 있다는 생각으로 전환한 것이다. 아무도 그들의 투자가 어떤 결실을 맺을지 알지 못했다. 그럼에도 불구하고, 그들은 등 뒤에서 작동하는 시장을 신뢰하고, 그들의 저축을 실제로 그 시장에 맡기도록 훈련받고 있었다. 그렇지만 카리타스의 피라미드식 투자가 무너지면서 그들은 이러한 예금이 감쪽같이 사라질 수 있다는 것을 알게 되었다. 이번 사건을 통해 비로소 그들은 실패의 책임을 더 이상 정치지도자가 아니라 자신의 보잘것없는 선택의 탓으로 돌리게 되었다.[33]

그 때문에 클루지주에 있는 고가 상품이 동이 날 정도였다. 하지만 그들이 받은 돈은 다음 투자자들이 낸 돈에 불과하였다. 결국 루마니아의 가구 중 1/5이 이 사기에 휘말렸으며, 빚을 내 투자했던 가난한 사람들은 파산하고 말았다.

최근에 사유재산이 상당히 재도입된 중국과 루마니아 같은 곳을 주목한 인류학자들은 그들이 수십 년간 활동해온 곳에서 작동하는 재산 전략을 우리가 더 냉철하게 관찰할 수 있게 해준다. 물질적·비물질적 재산의 획득이 사회적 상승에 도움이 되었던 우리 부모와 조부모의 성공담이 재산을 견고한 것처럼 보이게 만든다. 그러나 그에 부속된 통화 절하, 금융 위기, 호황과 불황은 재산의 기초가 실제로 얼마나 취약한 것인지를 상기시킨다. 오늘날 우리는 더 이상 부모님이 그랬던 것처럼 꿈꾸는 듯한 눈을 하고 30년 만기 주택담보대출을 받지 않으며, 신중하게 노후를 대비하고 있다 하더라도 그때를 위해 무엇이 준비되어 있는가를 상상하면 만족스러워하지 못한다. 이런 대비를 하면서 우리가 가진 희망과 꿈이 무엇이든 간에, 우리는 그런 일들을 소홀히 하면 우리의 앞날이 더 어두워질 것이라는 두려움에 사로잡혀 있다. 사유재산이 실제로 좋은 것이라는 이데올로기는 자립의 기반을 지닌 광범위한 중산층이라는 이데올로기처럼, 단언컨대 그 광채의 일부를 잃었다. 하지만 우리가 많이 지친 투자자라고 해도, 투자자는 투자자다. 단지 우리는 점점 더 투명해지는 제약조건에 있을 뿐이다.

제3장
너무나 인간적인

　　미국 교외지역을 조사한 연구들 가운데에서 1967년 허버트 갠스(Herbert J. Gans)가 수행한 연구(『레빗타운 거주자들 *The Levittowners*』)만큼 명성을 얻은 연구는 드물다. 새로 지어진 뉴저지 교외지역인 레빗타운에 자리를 잡은 갠스는, 레빗타운 거주자들이 수많은 프로젝트와 관심사에 따라 조직화하는 에너지에 대해 설명하였고, 그를 통해 전후 교외지역이 동질적이고 순응주의적이라는 대중의 인식이 틀렸다는 것을 입증했다. 그러나 갠스가 레빗타운의 가정과 사회, 종교생활에서 발견한 다양성은 교육에 대한 매우 양극화된 입장으로 갈라졌다. 그 지역사회의 주된 관심은 주택 소유자가 가지는 교육 기회였다. 처음에 주민들은 교육에 관심을 가지지 않았고, 자녀들과 함께 이 지역으로 이주한 그들의 새로운 이웃들처럼 만족스러운 생활을 한다고 확신했다. 주택 소유가 이웃들 사이의 아주 많은 차이를 반영하지 않았지만, 교육은 차이에 반영되었다. 얼마 지나지 않아, 더 부유한 사람들은 자신들의 자녀를 우수하다고 생각되는 인근의 사립학교로 보내면서 교육에 대한 사적 투자라는 긴장을 유발했는데, 이는 지역사회 정신에 역행하는 것이었다. 1982년 갠스는 그 책의 재판(再版)을 출간하면서 기존 현장조사 이후 20년이 지나 레빗타운을 두 번째 방문했을 때의 일을 실었는데, 그때 목격한 것을 다음과 같이 서술하였다. "그 지역사회는 이제 자신들의 관심사에만 전적으로 전념하는 개별 가정들의 집합으로 보인다. 어디에나 있는 중산층 미국인들과 다를 것이 없다."[1]

교육에 대한 중산층의 병적인 관심을 고조시키는 것은 무엇인가? 앞장에서 나는 경쟁을 통해 얻어야만 하는 것들이 부족해진 상황에서 사유재산제도가 어떻게 노동자들을 그 제도가 대변하는 안정에 투자하도록 장려하는지를 설명하였다. 그런 다음 이러한 투자는 금융시장을 거치게 되는데, 그 시장의 성장은 사람들이 추구하는 안정을 달성하는 데 도움을 줄 수 있는 조건들을 불안정하게 만든다고 주장하였다. 이 장에서 나는 노동자들이 취득한 가계 재산의 가치를 위협하는 동일한 힘이 어떻게 인적 자본(human capital)에 대한 그들의 투자에 활력을 불어넣는가에 대해 설명하고자 한다. 지역공동체는 물질적·인적 이익을 축적하고 하나를 다른 것으로 전환함으로써 그들이 취득한 것을 활용할 수 있게 만들기 위해 뭉친다. 그러나 이러한 계획의 근간이 되는 투자 압박은 동일집단 내의 경쟁을 심화시키고, 가족들을 서로 고립시키며, 때로는 가족끼리도 서로 경쟁하게 만들어 공동의 재원을 고갈시키기도 한다. 한편, 인적 자본을 추구하기 위해 가족 구성원을 결속시키는 유대관계는 광범위한 경제적 축적 과정에 동원된다. 결과적으로 가족의 유대관계는 이런 투자에서 얻는 신뢰할 수 없고 불충분한 수익의 저하를 보여주게 된다.

이러한 주장을 발전시키기 위해, 나는 나의 문화기술지 현장 연구에서 이야기를 시작해보고자 한다. 대학원생이었던 나는 요르단강 서안지구(West Bank)*에 있는 두 유대인 정착촌에 관한 현장 조사에 착수했다. 한 정착촌은 유대교를 따르는 베이트엘(Beit-El)이었고, 다른 정착촌은 더 크고 다원적인 아리엘(Ariel)이었다. 1967년 이후 이스라엘이

---

* 요르단강을 기준으로 서쪽에 위치한 팔레스타인 자치 구역이다. 서·북·남쪽은 이스라엘과 국경을 접하고 있고, 동쪽으로는 요르단과 국경을 이루고 있다. 팔레스타인 자치 구역임에도 불구하고, 2002년부터 이스라엘은 유대인을 보호한다는 명목으로 유대인 정착촌을 늘려갔고, 이는 국제사회의 문제로 대두되었다. 현재도 정착촌의 합법화 및 병합을 두고 갈등 중이다.

점령한 팔레스타인 구역들 사이사이에 조성된 유대인 정착촌은 대개 그곳의 정착민들을 점거의 계획적인 집행자이자 식민주의적 욕망의 실현자로 간주하는 정치적 시각을 통해 인식되어왔다. 더 냉소적인 논평가들은 정착민들이 이스라엘의 핵심도시에서는 감당할 수 없는 개인 주택 이외에 더 고결한 어떤 것을 추구한 것이 결코 아니라고 주장한다. 하지만 요르단강 서안지구로 이주하려는 정착민들의 동기를 조사하면서, 나는 좀 더 유동적인 이유들을 발견했다. 그것은 바로 새로운 것을 건설하고, 같은 생각을 지닌 사람들 사이에서 살고, 양질의 삶을 누리고, 사회적 발언권을 갖고, 그리고 그들이 추구하는 가치를 실현하고, 이러한 가치들을 자녀들에게 심어줄 수 있는 환경을 갖고자 하는 소망이었다. 지금까지 정착기반시설의 확장으로 인해 자신의 재원이 고갈되고 있는 서안지구의 팔레스타인 주민들로부터 격리보호된 정착민들은 이런 목표의 실현에 대해 비정치적으로 생각할 수 있는 공간을 차지해왔다.[2]

레빗타운에서와 마찬가지로, 교육은 서안지구 정착촌의 성장을 위한 동력이자 전환점이었다. 이는 이스라엘 공립학교 제도의 기준이 충분히 균형 잡힌 예산 계획 없이 빈곤가정 아이들을 통합시키는 정책으로 절충되고 난 몇 년 뒤인 1970년대부터 1980년대에 두드러졌다. 먼 정착촌에 세워진 새로운 학교는 더 적은 수의 학생들로 더 많은 공공예산을 지원받았고, 미래를 위해 이주할 수 있는 진취력과 이에 필요한 자금을 가진 부모를 둔 아이들만이 이 학교에 다닐 수 있었다. 나와 이야기를 나눈 대부분의 정착민들은 자녀가 받을 교육에 투자하기 위해서 서안지구로의 이주를 택했다고 매우 분명히 말하였다.

이러한 목적을 지원하기 위해, 많은 정착촌이 초기에 사전 심사를 받았고, 거주민들은 적어도 일부 민간자원을 소유하거나 활기 있는 지역사회에 개인 주택을 건설하기 위해 공공보조금을 쓸 수 있는 권리를 보장받았다. 초기 정착민들은 마치 선구자나 정치적 실천가로 보일 정도로 소비지상주의적인 과시를 피하였고, 물질적으로 충분히 안정적이었다. 예루살렘과 텔아비브(Tel Aviv)*에 있는 직장에서 얻은 수입을 새로운 교외지역으로 전달함으로써, 정착민들은 팔레스타인 사람들이 치르는 희생으로부터 격리 보호되면서 그들의 사회적, 도덕적, 종교적 가치가 높이 평가되고, 때로는 지역사회에 특화된 일자리나 명예를 보상받을 수 있는 그런 환경 속에서 잘 교육받은 자녀를 키울 수 있었다.

하지만 내가 서안지구 아파트로 처음 이사를 갔을

---

* 이스라엘 중서부 지중해 연안에 있는 항구도시로, 이스라엘 제2의 도시이다.

당시에, 이스라엘 경제는 대부분의 선진 자본주의 국가들과 같은 시장 지배적 노선을 따라 오랜 기간 구조조정이 진행되고 있었다. 공공재 및 공공서비스의 감축은 전국적으로 이루어졌고, 정착촌은 특별 보조금을 받기는 했지만 이런 감축을 면하지 못했다. 비용 감축은 현존하는 정착기반시설의 사용이 정착촌 이웃과 학교, 공공기관의 과밀화로 인해 치열해졌다는 것을 의미했다. 줄어드는 공공 자원과 증가하는 고용 압박이 결합됐고, 이는 한때 서안지구 정착민들이 그들의 물질적 이익을 사회적 이익으로 바꿀 수 있었던 이점을 약화시켰다.

외부에서 가해진 압력이 내부 긴장을 유발했다. 베이트엘의 2세대 정착민들은 그들의 부모세대가 매료되었던 집단정신(collective spirit)을 무시했다. 그들은 언덕 꼭대기 야영지에서 금욕적인 정신적 만족을 얻기 위해 아예 물질적 안락함을 삼가거나, 이스라엘에서 취업이나 주택 구입, 소비 등을 하면서 개인적인 자기 성취에 몰두했다. 그들의 부모들은 자녀들이 그러한 금욕생활을 하지 않도록 도와주지 못했다는 것을 한탄하거나(자녀들의 생활방식이 그들 자신의 생활방식과 많이 다르지 않았던 한에서), 또는 역으로 그들에게 독립적으로 성공할 수 있는 수단을 마련해주었다는 것에 자긍심을 느꼈다. 아리엘에서는, 초기에 형성된 단결심이 반항적인 실용주의(defiant pragmatism)에 자리를 내주고 말았다. 각 가정은 기금과 기부로부터 얻어낼 수 있는 것을 무리하게 얻어냈고, 진학과 거주에 있어서의 이익을 누리기 위해 주민들과 경쟁을 하였으며, 그들의 주택 가치에 부정적인 영향을 미칠 수 있는 새로운 거주자들(1980년대 중반에는 빈곤층이, 1990년대 초에는 러시아어를 사용하는 이들이 이에 해당되었다)의 정착에 분개했다.

이러한 과정에 대한 나의 분석은 정착촌의 구체적 실체(materiality)에 대한 일반적인 선입견에 반론을 제기하게 만들었다.[3] 내가 현장 조사를 수행하고 있던 당시에 이스라엘은 가자 지구(Gaza Strip)에서 철수하면서 정착촌의 주택을 허물었는데, 그때의 불도저 모습은 모든 사람의 마음속에 아직도 생생하게 남아 있다. 서안지구 정착촌의 물리적 현존과 정착민들의 재산권을 둘러싸고 논쟁이 벌어졌다. 국가의 더 큰 의도에도 불구하고, 나의 관찰은 사회적·인간적 요소로부터 물질적 요소를 분리할 수 없다는 것을 일깨워주었다. 이전에는 풍요로운 사회생활, 양질의 교육, 좋은 문화 시설과 삶의 안락함이 수렴되면서, 이것이 사람들을 정착촌에 끌어들이는 자석 역할을 하였다. 하지만 경제적 압박이 이러한 수렴을 흐트러뜨리고 정착민들의 유대관계를 흔들어 놓으면서, 그들은 갠스가 말한 것처럼 어디서나 볼 수 있는 중산층 이스라엘인들처럼 오직 그들 자신의 관심사에만 몰두하는 개별 가정의 집합체로 변하고 말았다.

또한 나의 관찰은 정착촌 생활에 대해 가족의 역학 관계가 가지는 예상치 못한 중요성을 알아차리게 해주었다. 1세대 정착민들은 모호하기는 했지만, 그들 자신의 이상이 자녀의 장래에 실현되기를 기대했다. 그들은 2세대의 선택이 그들 자신의 이상을 반영한다고 생각했다. 따라서 2세대 정착민들이 한 제멋대로의 선택은 걱정스러운 것이었고, 부모들은 이를 두고 자녀에게 쏟아부은 투자, 즉 서안지구로의 이주라는 투자가 상환된 것이라든가 또는 이런 투자가 무의미해진 것이라고 해석했다. 당시에 현장 연구를 할 때에는, 이러한 긴장이 통상 중산층과 관련되어 있는 광범위한 투자 추세를 나타낸다고 생각하지 못했는데, 지금이라도 그때로 다시 돌아가 그 관련성을 연구했으면 좋겠다는 생각이 든다.

학위 취득과 기술 개발, 전문자격증 취득, 사회적 관계망 구축을 위한 노력은 우리가 미래를 위해 하는 투자 가운데에서 가장 대표적인 것들이다. 저축계좌, 보험, 부동산 및 기타 자산과 마찬가지로, 우리는 노동소득이 끊기면 그때 도움을 받을 수 있도록 이렇게 투자한 가치가 실현되기를 기대한다. 그러나 우리가 저축한 소득은 현재 은행과 연기금, 보험회사에 의해 서로 묶이고 세분화되어 전 세계의 순환 흐름 속에서 움직이고 있다. 그러한 금융의 중재는 재산소유자이기도 한 노동자들의 이익과, 재산의 가치를 보장하거나 향상시키는 금융 주도 성장을 연결시킨다. 그것은 잠정적으로 이러한 금융 주도 성장과 연결된 자산을 지닌 다른 소유자들과 우리를 동료로서 결속시킨다.

　　정치인들은 그들이 중산층 유권자라고 선언한 이들에게 호소하는데, 이들은 전형적으로 저축과 대출을 통해 미래를 준비하는 노동자들로 구성되어 있다. 그들은 부동산 부문, 기업 부문, 은행 부문, 보험 산업 및 연금 시스템의 경제적 안정과 지속 가능한 성장을 통해 이러한 노동자들의 재산 수익을 보호하겠다고 약속한다. 그러한 정책이 예산 삭감, 해고, 긴축 조치를 필요로 할 때 정치인들의 호소는 더욱 완강해지는데, 사실 이는 그들이 대변한다고 주장한 바로 그 노동자들의 수익에 손해를 가져온다. 이러한 압박이 강화되고 다른 안전망들이 사라지면서, 사유재산의 중요성은 매우 빠른 속도로 커진다.

　　우리들 중 일부는 국가의 모든 시민에게 최소한도의 재산에 대한 지속적인 접근 가능성을 제공하고 이의 유지를 보장하는 공동의 노력을 통해, 가령 수입의 공적 보호나 위험 공동 관리, 신용 제공 등을 통해 이런 압박에 대응한다. 또 다른 일부는 더 제한적인 집단으로 결합하여 수입을 얻기 위해 자신의 동네에 거주하는 것을 규제하는 토지이용제한법을 이용하거나, 혹은 사회보험 및 세법이 큰 위험을 내포한 이들의 요청에 타인의 자금이 들어가지 않게 해주어야 한다고 주장하면서 자신의 재산 가치를 유지하고 증대시킨다.

그러나 물적 자산보다 더 제한적이고, 더 빈번히 우리를 동맹자이자 협력자가 아닌 경쟁자로 갈라놓는 자산이 하나 있다. 경제학자들은 이를 노벨상 수상자인 게리 베커(Gary Becker)를 따라 인적 자본이라고 부른다. 그것은 우리의 노동, 재산, 사회적 상호작용으로부터 더 큰 가치를 얻기 위해 우리가 하는 투자에 의해 창출되는 모든 비물질적인 힘을 포함한다. 여기에는 학위와 전문자격증, 풍부하고 유용한 경험, 강한 정신과 신체, 우수하고 다양한 기술, 높은 지위와 유용한 소셜 네트워크가 포함될 수 있다. 그것은 바로 우리 인간의 일부이기 때문에 인간적인 것으로 간주된다. 즉, 우리가 우리 자신을 인식하고, 우리의 이익을 위해 행사하는 능력으로 여겨진다.

우리가 태어날 때 축복으로 받았거나 받지 못했을 출중한 외모나 지성 또는 재능을 제외하고, 또 천부적으로 매우 존경받는 사회집단에서 태어나는 행운을 제외하고, 인적 자본 중에서 가장 첫 번째이자 틀림없이 가장 중요한 요소는 소위 중산층 가정에서 태어나는 것이다. 그 가정은 물질적, 정서적, 지적으로 자녀를 지원하고, 건강하고 양육에 적합한 환경을 제공하고, 자녀의 경험을 풍부하게 하고, 그들이 기술을 익힐 수 있게 하며, 그들이 좋은 교육을 받도록 보장하고, 이 교육을 잘 활용할 수 있도록 도울 수 있는 수단을 지닌 부모로 구성된다. 인적 자본 투자와 관련해서 그러한 가족은 "중산층 가정의 전형"으로 지칭되었고, 그 중산층 가정은 "야망의 양성소"로 불리었다.[4]

인적 자본은 그 물질적 현존에 있어서 재산보다 중산층 이데올로기의 구성 요소로서 더 잘 인식되는데, 왜냐하면 그것은 투자 정신과 더 잘 공명하기 때문이다. 돈이나 집은 그 소유주에 관해 말해주는 것이 거의 없다. 그것은 대대로 전해질 수 있고, 적어도 그 수혜자가 기울이는 별도의 노력을 어느 정도 덜어줄 수 있다. 이와 대조적으로, 인적 자본은 양도할 수 없는 각 개인의 고유한 성과다. 부모가 하는 일은 물질적·인적 자본을 사용하여 자녀에게 우위를 제공하고, 이러한 우위에서 자녀가 경쟁에 뛰어들고 기술, 취향, 사회적 네트워크를 스스로 개발할 수 있는 견고한 발판을 제공하는 것이다. 높은 가치가 있는 기술과 네트워크만이 그것을 보유한 이들에게 구체적인 보상을 제공하기 때문에, 이는 그 자체로 수익성 있는 자산이라기보다는 열망적 차원의 자원이라고 할 수 있다. 열망적인 인적 자본은 향후 수익에 대한 기대감과 함께 통상 가외의 노동과 시간, 자원을 쏟는 중산층의 노력을 유발하는데, 이는 자신의 재산이 이런 지출에 달려 있다는 확신에 의해 고무된다.

　　새로운 중산층은 대개 인적 자본에 대한 집착으로 인해 구 중산층과 구별된다. 경제의 구조조정 물결은 선진국의 재산 가치를 불안정하게 만들었고, 소유의 기회나 혹은 소유주가 불로소득 및 수익으로 돈을 벌 수 있는 능력을 감소시켰다. 사회의 부유한 구성원들은 다른 방법으로 그들의 이익을 확고히 하고 영속화하기 시작했다. 특히 그들은 물질적 획득을 사회적 지위로 전환하고, 자녀들에게 우수한 교육을 받을 특권을 제공하기 위해 애썼다. 새로운 중산층을 과시하는 국가들은 옛 엘리트계급의 기원이 재산에 있었던 것과는 달리 중산층의 기원은 전문적 기술과 교육을 통해 일어나는 사회이동이 보장된 것에 있다고 본다.[5] 새로운 시대는 때때로 능력주의 시대라고 일컬어지는데, 이는 한때 부유하게 태어난 사람들에게만 미소 짓던 사회가 그 이후 두뇌와 투지를 가진 누구에게나 그 문을 열었다는 것을 의미했다. 이러한 자질을 행사하는 것이 성과를 거둘 것으로 예상되었기 때문에, 모든 이들이 이에 투자하는 것이 사회구조적으로 장려되었다.

　인적 자본이라는 제도는 모든 개인의 생애주기와 함께 새롭게 시작하기 때문만이 아니라, 중요하게는 이러한 투자가 결코 끝나지 않을 수도 있기 때문에 투자를 격화시킨다. 모든 사람은 어느 정도의 인적 자본을 지니는데, 이는 사회에서 특히 취업시장에서 그들에게 이익이 될 수 있다. 물적 자본과는 달리 인적 자본의 양은 무한하다. 그러나 그것의 가치는 항상 다른 모든 이들이 제공하는 것에 상대적일 뿐이다. 따라서 인적 자본에는 고조되는(escalate) 경향이 내재되어 있다. 내가 어떤 일을 잘하는 만큼, 항상 더 잘할 수 있는 사람이 있을 것이고, 우리가 같은 일을 위해 경쟁한다면 나는 떨어질 것이다. 우리는 앞서기 위해서가 아니라 따라잡기 위해서 인적 자본에 계속 투자해야 한다. 끊임없이 자원을 추출하는 경쟁적 투자를 통해 창출되는 가치로 운용되는 경제체제에서는, 인적 자본이 매우 중요하다.

　사회생활에 있어 인적 자본이 가지는 우위는 그것이 잘 길러질 조건이 충분히 능력주의적이지 않기 때문에 비판받아왔다. 동등한 기회라는 겉치레 이면에는 특권이 지배하였고, 불평등이 심해졌다. 피에르 부르디외(Pierre Bourdieu)는 이를 가장 강력히 주장한 사회학자이다. 그는 사람들이 그들의 가족으로부터 부여받은 것(endowment)을 학교교육과 문화를 통해 더 큰 상대적 이익을 얻기 위해 활용하면서 어떻게 그러한 이익을 축적해 가는지를 설명하였다.[6]

특히 학교와 고등교육기관은 어린 시절의 유리한 환경을 성공의 촉매제로 바꾼다. 특권을 가지고 태어나면, 우리는 더 나은 학교로 보내진다. 양육과 가족의 기대는 우리가 이러한 학교에서 잘할 수 있게 준비시키고, 우리가 하는 일에 자신감을 갖게 해준다. 이는 우리가 낙심하거나 추진력을 잃지 않으면서, 넘어설 준비가 덜 된 장애물을 좀 더 쉽게 극복할 수 있게 해준다. 더 나은 성과는 더 좋은 대학으로 가는 길을 열어주며, 이를 통해 더 가치 있는 자격증과 조건을 가지게 된다. 그것은 우리에게 더 높은 소득을 얻을 수 있는 좋은 일자리를 제공하며, 자녀들에게 이익이 될 수 있는 더 나은 학군에서 비슷한 동료들과 함께 살면서 그러한 이익을 더 잘 활용할 수 있게 해준다.

또 한편으로, 이러한 일련의 사회적 · 가족적 · 교육적 이익은 유사한 준비를 하는 사람들이 중시하는 예술이나 문학, 음악에 대한 감상을 함양할 수 있는 시간과 자원, 그에 필요한 훈련을 제공한다. 불리함을 면할 수 있는 무언가를 "얻는" 능력은 사회적으로, 심지어는 도덕적으로 좋은 취향을 표시하게 되었다. 사회적으로 가치 있는 우리의 취향이나 습성, 감성은 수년 동안 이를 누릴 수 있었던 운 좋은 소수에게만 노출되어 정제된 것이었는데, 이는 더 부유한 사람들로 구성된 집단에서 우리를 호의적으로 받아들이게 해준다. 우리는 그런 취향이나 습성, 감성을 활용해 그것들이 은연중에 내비치는 풍성한 것들에 기댈 수 있게 된다. 만약 우리가 문화적 소양과 경험을 명망 있는 직업으로 바꾸는 데 성공한다면, 이러한 성공은 우리의 주변에 우리가 그럴 만한 자격이 있다는 것을 알리면서 우리를 교양 있는 사람으로 보이게 한다.

불평등의 주범인 인적 자본의 누적 효과는, 모든 구성원에게 잘할 수 있는 동등한 기회를 제공하는 사회에서 살기를 원한다면 반드시 언급되어야 한다. 그러나 이는 또한 인적 자본과 관련된 훨씬 심각한 문제를 우리가 직시하지 못하게 만드는 경향이 있는데, 그 문제는 바로 우리들 가운데 가장 뛰어난 이의 목표마저 잠식하는 축적 과정에 대한 인적 자본의 기여이다. 사회에서 생산되는 모든 것이 구성원들의 필요나 욕구를 충족시키는 것이 아니라 그 구성원들의 무보수 노동과 투자를 통한 잉여가치 창출에 기여하도록 설계되었다면, 인적 자본의 인간성은 의문시될 수밖에 없다.

비판이론가인 모이쉬 포스톤(Moishe Postone)은 경쟁으로 얽힌 축적의 생산과정이 풍부한 재화뿐만 아니라, 이

러한 재화를 만드는 데 필요한 지식과 기술의 증가로 이어
진다는 점을 지적하면서 물질적인 것(the material)과 인간적
인 것(the human)을 연결시킨다.[7] 생산자는 그들이 고용한
노동의 생산성을 높이는 것을 통해 경쟁자를 능가하려고 힘
쓴다. 그들은 과학기술 혁신과 효율적인 업무 조직을 통해
그렇게 할 수 있지만, 또한 고용한 노동자의 기술을 향상시
켜서도 그렇게 할 수 있다. 이 모든 전략은 그들이 노동자의
노동으로부터 더 많은 가치를 얻어내면서도 현행 임금을 그
대로 지불할 수 있게 해준다. 하지만 그들이 얻는 이익은 단
기적이다. 경쟁은 다른 생산자들이 가장 성공한 전략을 모
방하여 이를 따라잡게 만듦으로써, 생산성의 사회적 표준이
재설정되도록 한다. 따라서 과학기술 및 조직 혁신과 노동
자의 기술 향상 다음에는 늘 경쟁이 뒤따른다.

　　이렇게 한 기업에서부터 다른 기업들로 차례차례 생
산성 수준이 높아지면, 생산품의 가치는 낮아진다. 가치가
낮아진 상품에는 식품, 주택, 교육 및 사회적으로 수용되는
생활수준을 구성하는 여타의 상품과 서비스가 포함된다. 또
한 여기에는 생산적 노동의 구성요소들, 즉 기술이나 자격
증, 인적 자본의 여타 요소들이 포함되며, 이것들의 생산 비
용 역시 낮아진다. 고용주들이 기꺼이 비용을 지불하려고
하는 기술이 어떤 것이든, 그것의 가치는 그것이 기여하는

상품의 가치보다 계속 떨어진다. 다시 말해, 우리가 개인적 특성이나 업적으로 경험해왔던 인적 자본 요소는 축적 과정에서 그 가치가 떨어지고, 그로 인해 우리의 진정한 인간성은 결핍된다.

　　결핍된 인간성은 인간의 기술과 취향, 역량을 자본으로 규정하는 것에 아주 잘 압축되어 있다. 인적 자본은 개발 및 배치가 우리의 통제력을 넘어서는 생산과정의 자원이 된다. "인적 자본"이라는 범주는 자본주의 생산의 맥락에서만 의미가 있다. 사회적 관계, 기술, 취향, 역량을 표준화된 측정 가능한 단위로 바꿔서 이를 자본이라는 물질적 표현으로 나타낼 뿐만 아니라 여타의 물질들과 비교되고 대체될 수 있게 만드는 것이 바로 자본주의 역학이다. 부르디외는 이를 상호 전환성(inter-convertibility)이라고 부른다. 그는 법, 경제, 교육 구조가 인적 자본과 물적 자본의 요소를 동등한 위치에 두는 한, 하나는 다른 것으로 전환될 수 있다고 주장하였다. 오늘날 우리는 동일한 공식을 자본화(capitalizing)라는 측면에서, 즉 기술과 인맥의 자본화로 설명한다. 예를 들면, 명문 대학 학위를 취득함으로써 좋은 교육을 자본화하고, 보수가 좋은 직업을 얻음으로써 그것을 획득하는 데 들어간 학위와 기술을 자본화하고, 넉넉한 은행 대출을 받음으로써 직장에서 얻는 소득을 자본화하고, 유망한 지역에서 잠재적 수익성이 있는 부동산을 매입하여 거기에 들어간 은행 대출금을 자본화하고, 그리고 자녀를 위한 유용한 소셜 네트워크와 교육적 이점을 얻음으로써 그 지역에 거주하는 것을 자본화할 수 있다.

그러나 자본주의 같은 잉여가치 축적 시스템은 투자가 완전한 가치로 보상받는 것을 막음으로써 스스로를 재생산한다. 착취된 가치의 흔적은 인적 자본이나 물적 자본을 등가물로 전환하여 원활하고 적절하게 자본화하지 못한 경우에 발견될 수 있다. 인적 자본이 방대한 사람도 보수가 좋은 일자리나 견고한 가치를 지닌 재산을 얻기 힘들다. 그리고 반대로, 아주 부유한 사람도 명성을 살 수는 없다. 오히려, 그들은 부유하지 않은 사람들 가운데 일부가 이미 가지고 있을지도 모르는 인적 자본을 얻기 위해 장기적인 교육 및 양성 과정에 많은 투자를 해야 한다. 그럼에도 불구하고, 인적 및 물적 투자는 더욱 경쟁적이고 모든 것을 포괄하는 방식으로 유도된다. 모든 사람이 산발적인 수익을 얻기 위해 더 많이, 그리고 더 자주 희생해야 하는 풍토가 조성된다.

사회학자 하르트무트 로자(Hartmut Rosa)는 가속화의 측면에서 이 풍토를 정의한다. 그는 경험과 저장된 지식이 너무 빨리 시대에 뒤처져서 미래에 어떤 관계와 행동의 기회가 유의미할 것인지 예측하기 힘들다고 주장한다. 그는 그것을 가만히 서 있을 수 없는 미끄러운 비탈길이라고 부른다. 최신 상태를 유지하기 위해 끊임없이 노력하지 않는 사람은 자신의 언어나 의복, 주소록, 사회에 관한 지식, 기술, 장비, 그리고 퇴직연금 등이 시대에 뒤처져 있다는 것을 깨닫게 된다.[8] 우리가 투자한 것의 가치를 낮추려는 자본주의의 압박에 직면하여, 우리는 그 어느 때보다도 더 적극적으로 다른 것에 투자할 수밖에 없다. 그러나 우리의 증대한 인적 자본 투자가 성공을 거두더라도, 이는 차후에 우리가 이익을 볼 수도 있고 못 볼 수도 있을 그런 종류의 사회적 신용이나 명성을 가져다 줄 가능성이 높다.

그런데 우리가 이익을 얻지 못한다는 것이 더 일반적인 시나리오가 되고 있다. 그에 해당하는 예는 아주 많지만, 여기에서는 부르디외의 틀을 유지하면서 교육 및 문화와 관련된 예를 제시하도록 하겠다. 우리가 학교와 대학에서 받은 자격증이 줄곧 취업을 위한 입장권이었다면, 더 이상은 그렇지 않다. 교육 및 훈련 프로그램은 소득 수준을 유지하기 위해 인증제를 사용한다. 그것은 특정 직업군을 일반 대중에게 폐쇄하고, 경계를 치는 투자(boundary-making investment)를 할 것을 요구한다. 그러나 동일한 직책에 대해 교육 및 전문적 훈련을 받은 경쟁자들뿐만 아니라 입사를 지망하는 사회 초년생들이 역으로 가하는 압박이 증가하였고, 그에 따라 현재 많은 선진국에서는 약 반세기 동안 취업을 위한 자격증 취득 비용이 폭발적으로 증가했다. 원하는 취업 기회에 비해 자격증이 지나치게 많아졌기 때문에, 자격증은 더 이상 높은 소득을 보장하지 못한다.[9]

또한 지속적인 혁신과 빠른 호전으로 수익성을 유지해야 한다는 압박감으로 인해, 생산은 매우 유연해지고 고용 시장은 매우 불안정해진다. 그에 따라 기술은 빠르게 낡은 것이 되고, 자격증은 요구조건에 맞지 않게 되며, 오늘날 유행하는 인턴십과 훈련 과정은 그 기한이 종료되면 그대로 끝나버린다. 끊임없이 변화하는 직업 요구조건을 충족하려면 최첨단의 다양한 기술에 지속적으로 투자해야 한다. 직업이 연공서열이나 직위로부터 이탈하면서, 경력 사다리는 성과급에 자리를 내주게 되었다. 유연하고 창의적인 새로운 직업은 명성과 보수에 느슨하게 연결되어 있을 뿐이다. 자격증은 소비자의 수요에 부응하는 영리 투자 상품이 되며, 이러한 수요는 가능한 고용 범위를 벗어나 대개 그 범위를 초과해버린다. 꾸준한 소득을 얻지 못한다는 것은 점점 더 많은 취업 준비생들이 갚을 도리가 없는 학자금 부채의 구렁텅이 속으로 빠져든다는 것을 의미한다.[10]

문화적 소양은 교육과 같은 방식으로 제도화되지는

않지만, 그와 유사한 곤경에 직면한다. 시간과 돈을 들여 매입한 전시품이나 길러진 소양은 감정가의 우월성을 돋보이게 하는 세련미를 표현하면서 부르디외가 말한 대로 그 등급을 가늠할 수 있었던 때가 있었을 것이다. 그러나 소위 고급문화라고 불리는 것은 더 이상 예측 가능한 보상을 가져다주지 않으며, 그것을 추구하는 것은 때때로 재산을 추구하는 것 못지않게 강박적인 것처럼 보인다. 전후시대 비판 이론가인 테오도르 아도르노(Theodor Adorno)와 막스 호르크하이머(Max Horkheimer)는 무엇이 무엇인지도 알지 못한 채 그 무엇인가를 놓칠까 두려워 문화 활동에 몰려드는 대중을 보고 오래도록 놀라워했다. 우리는 자명한 가치가 있다고 여겨지는 문화를 소비하기 위해 위험을 무릅쓴다고 그들은 경고한다.[11]

　　따지기 좋아하는 논평가들은 수년에 걸쳐 길러진 문화적 소양의 가치가 떨어지는 것을 한탄할지도 모른다. 그들은 또래 집단의 유행에 의해서만 자신을 평가하는 소년들에 대해 불평하고, 축적된 경험과 길러진 취향, 느긋한 즐거움의 형태로 성숙하는 것을 앗아가는 문화에 불만을 토로한다.[12] 또 다른 이들은 우월 의식의 종말을 선언한다. 즉 높이 평가받는 집단에서 신용을 얻은 문화적 역량을 발휘하는 것은 더 이상 의미가 없다고 말한다. 이제 우리는 다방면에 걸쳐 있어야 하고, 심지어는 잡식성(omnivorous)을 보여야 한다. 더 이상 가만히 앉아서 우리가 일찍부터 길러온 취향의 결실을 즐길 수 없다. 대신에 우리는 클래식 음악을 듣는 취향을 팝을 들으면서 조절하고, 고전 문학을 주로 읽는 취향을 최근 출간된 베스트셀러를 읽으면서 조절하면서 우리의 문화적 소양을 다양화해야 한다. 계속해서 보고, 듣고, 읽고, 배우는 것, 즉 재투자를 해야지만, 다음에 나올 문화들을 보면서 다 알고 있다는 듯이 고개를 끄덕일 수 있을 것이다. 금융재산과 마찬가지로, 지칠 줄 모르는 재투자만이 우리가 뒤처지는 것을 막을 수 있지만, 그때에도 우리의 노력이 결실을 맺을 것이라는 보장은 어디에도 없다.[13]

이러한 현실은 우리가 인적 자본을 늘리는 데 필요한 희생을 하면서 이를 정당화하려고 할 때 감춰진다. 경제학자들은 이 상태를 좋아하는데, 왜냐하면 이런 상태에서는 우리 모두가 마음대로 자원을 교환하고 최대화하는 준자본가(quasi-capitalists)인 것처럼 보이기 때문이다. 이것이 암시하는 것은, 우리가 가난하거나, 실직자가 되거나, 다른 방식으로 어려움을 겪는다면, 이는 우리가 교육과 기술 개발에 충분히 투자하지 않았기 때문이라는 것이다. 우리는 우리가 보유한 기술의 가치에 많은 지분을 가지고 있는데, 왜냐하면 우리는 그 기술과 동일시되기 때문이다. 우리의 사회적 지위(그리고 우리가 누구인지에 대한 우리의 감각)는 이러한 문화적·교육적·사회적 성취와 그에 따르는 자긍심에 반영된다.[14] 그러므로 인적 자본은 수익에 얼마나 도움이 되는가에 따라 취향과 기술의 가치를 결정하는 축적 과정에 우리를 밀접하게 연관시킨다. 비판이론가들이 지적하듯이, 이 개념이 생략하는 것은 특정한 인적 자본을 가치 있게 평가하는 권력과 착취이다.[15] 인적 자본은 보상받지 못하는 투자를 은폐하는데, 그 과정으로 인해 우리는 부족한 자원을 두고 서로 쟁탈전을 부리면서 점점 더 많은 투자를 하게 된다.

수입과 지위가 확보되는 곳에서, 우리는 우리의 물질적·비물질적 획득의 가치를 감소시키려는 압박에 직면하여 인적 자본이 기약한 것을 실현하기 위해 용감한 시도를 한다. 이러한 시도의 대부분은 인적 자본과 물적 자본의 상호 전환성을 촉진하기 위한 사회적·정치적 전략으로 구체화되며, 이 전략은 하나를 추구하기 위해 다른 하나를 자본화하려고 시도한다. 공공 부문에서는, 교육에 대한 지침을 정하고 표준화된 학교교육이 충분한 수입으로 이어지는 것을 보장하도록 정부에 압박을 가하는 것이 이러한 시도에 포함된다. 민간 부문에서는, 좋은 기반시설과 지망 학교를 결합한 주거 환경을 조성하려는 노력이 이러한 시도에 포함될 수 있다. 주택 개조와 시민활동, 학교교육 전략은 선택한 지역을 아이들을 키우기 좋은 장소로 만든다. 우리는 한데 모였다가 이런 시도들에 의해 갈라지고, 우리가 겪는 어려움은 그런 시도들의 취약성을 증명한다. 하지만 우리는 우리가 자본화할 수 있는 가치를 지닌 자발적인 연대를 제시하면서 이를 "지역사회(community)"라고 부른다. 이러한 지역사회라는 딱지는 우리의 노력을 동기화하고 그러한 노력의 성공을 제한하는 구조적 힘을 흐리게 만든다.[16] 이러한 지역사회의 일관성은 통상 어렵게 얻어지는 것이며 잠정적인 것이다. 요르단강 서안지구 정착촌에서 내가 목격한 사회적 쇠퇴는, 이러한 관점에서 볼 때 지역사회에 대한 열망을 유지할 수 없다는 정착민들의 예견의 기록으로 읽힐 수 있다.

장기간에 걸쳐 가치가 도출되는 다른 자산들과 마찬가지로, 인적 자본에서도 신뢰할 수 없는 수익률이 투자자들의 관계 속에 스며든다. 내가 서안지구 정착촌에서 목격한 불안감이 1세대 정착민들의 장성한 자녀를 중심으로 해서 나타난 것은 우연이 아니었다. 그들은 다른 곳의 새로운 중산층이 갔던 길을 그대로 따라갔는데, 이는 물질적 이익을 얻는 데에 더 많은 돈이 들고 그에 대한 보상이 적어지면서 인적 자본이 더욱 강조되는 그런 길이었다. 그리고 지역사회의 활용 여부와 관계없이, 인적 자본에 대한 투자는 종종 장기적이고 세대에 걸쳐 이루어진다. 인적 자본은 자녀에 대한 부모의 투자에 크게 의존하기 때문에, 이러한 유대관계가 인적 자본 투자를 수용하는 데 익숙해진 만큼, 이러한 투자는 가족을 하나로 묶는 정서적 유대관계를 고취한다. 극심해지는 인적 자본 투자와 그 결과의 불확실성은 가족의 유대관계를 지나치게 소모한다.

따라서 가족에 대한 이야기 없이 인적 자본을 말하는 것은 불가능하다. 인적 자본 논리에 따라 가족의 유대관계가 어떻게 재형성되는지 관찰하는 한 가지 방법은, 문화기술지로 가족을 연구하는 것이다. 글로벌 중산층은 종종 부부 관계와 자녀 양육, 교육 및 양성에 대한 그들의 집착으로 구별된다. 그들은 또한 가족 관계나 가족 구성원의 여타의 목표를 추구하는 능력에서 오는 압박감 역시도 견뎌낸다고 묘사된다.[17] 미국 가족의 가정 내 문화기술지(Inside-the-home ethnography)는 인적 자본의 발생과 그것이 가족생활에 부과한 희생을 중심으로 한 열성적인 행동들을 포착한다.

예를 들어, 『가족 빨리감기*Fast-Forward Family*』는 부모의 모든 사소해 보이는 행동이 자녀의 장래에 영향을 미칠 것이라고 보는 부모들의 걱정에 관해 다룬다.[18] 이 연구는 수많은 업무 및 잡무가 엄격한 시간 관리를 필요로 하는 동안에 가족들의 일상생활에 스며든 가족 중심 소비문화에 대한 소모적인 에너지 요구를 추적한다. 맞벌이 부부는 자신의 기여도와 포기한 자율성을 인정받기 바라면서 상호 노동을 분담해야 하는 감정적 희생을 치른다. 그들은 또한 자녀가 평온한 어린 시절을 즐기기를 바라는 동시에 학교 및 과외 활동에 초조하게 개입하는 줄타기를 한다. 과잉 개입에 대한 전문가의 경고를 뼈저리게 알고 있는 이들 부모는 자녀의 출세를 너무 염려한 나머지 이를 거의 선택의 문제라고 생각하지 않는다.

『그 어느 때보다 바빠!*Busier than Ever!*』는 속도를 늦출 수 없는 또 다른 미국 가족들을 조명한다.[19] 이 가족들은 복잡한 계획과 대처 전략, 그리고 직장 생활과 자녀들과의 활동 사이를 조율하는 것에 빠져 옴짝달싹하지 못한다. 하지만 그들은 이러한 세부적인 것들에 화를 내고 그것들이 무의미하다고 생각한다. 효율적이어야 한다는 압박은 사기를 떨어뜨리는 효과를 낳는다. 압박에 대처하기 위해 노동과 가정생활의 서로 다른 측면을 구분하는 과정에서, 이 가족들은 자신의 상황을 반성하고 대안을 상상할 수 있는 능력만이 아니라, 통일된 도덕적 관점에서 서로 다른 영역과 삶의 단계를 연결할 자원을 빼앗긴다. 이러한 가족들을 연구한 문화기술지 학자들은 중산층의 가정생활은 발전보다는 끊임없는 시간 관리에 사로잡혀 있다고 결론짓는다. 이러한 시간 관리는 그 가족들의 미래에 중요한 것으로 판명될 수도 있고, 그렇지 않을 수도 있는 하나의 관행이다.

인류학은 또한 열성적인 행동에 뒤따르는 대안의 부족을 상대화할 수 있다. 이는 우리가 당연하게 여기는 것을, 그것이 만들어진 바로 그 시점에서 관찰함으로써 이루어진다. 스페인 남부의 한 마을에 대한 제인 콜리어(Jane Collier)의 문화기술지 연구에는 가족 관계를 변화시킨 몇 가지 힘에 대한 내용이 담겨 있다.[20] 1960년대에 젊은 여성이었던 콜리어는 당시에 스페인에서 문화기술지 현장 조사를 진행한 후 20년이 지나 더 많은 현장 연구를 위해 같은 마을로 돌아왔고, 그때 이러한 변화를 발견했다. 1960년대에 그 마을 경제는 농업 중심으로 발전하였다. 토지에서 나오는 재산은 당시 마을 사람들이 겪고 있던 경제적 압박에 대처하는 주요한 방어물이었다. 어떤 것이 다른 어떤 것보다 이런 경제적 압박을 더 잘 견뎌냈던 이유는 토지에서 나온 다양한 재산의 기여 때문이었다. 그러나 1980년대에 이르러, 농업은 더 이상 수입을 제공하지 못하였고, 그 마을은 주민의 절반을 잃었다. 그들은 더 집중적으로 자본화된 경제에서 공부하고 정규 일자리를 얻기 위해 도시로 떠났다.

20세기 초에 태어난 마을 사람들은 가족의 운명을 각 가족 성원이 물려받은 재산, 결혼을 통해 얻은 재산, 그리고 재산 관리 방식에 따른 결과라고 생각했다. 동일한 가족에서 20세기 후반에 태어난 구성원은 그들의 운명을 자신이 얻은 직업으로 설명했다. 1980년대에는, 가장 부유한 주민들조차 일을 해야 했고, 그들이 부유한 것은 이렇게 일을 한 덕택이라고 여겨졌다. 실제로, 인맥 덕분에 일자리를 얻은 사람을 포함해 성공한 사람들은 그것이 그들의 기술과 노동의 질 때문이라고 주장했다. 그렇지 못한 나머지 사람들은 생산성을 높이면 제 몫을 늘릴 수 있을 것이라는 말을 들었다. 비록 마을 사람들 대부분은 도시 중심부에서 자란 시민들에 비해 고용 및 지위 획득을 위한 더 큰 네트워크 측면에서 불리했다는 것을 알고 있었음에도 불구하고, 그들은 이러한 믿음을 받아들였다.

이러한 경제적 변화는 가족 관계와 사고방식을 변화시켰다. 1960년대에는, 잘못을 저지르지 않는 한 마을 아이들은 대부분 방치되었다. 부모들은 최소한 동등한 수준의 상속을 받을 사람과 결혼할 기회를 망칠 수 있는 행동을 자녀들이 하지 못하도록 막는 데에 전념했다. 하지만 1980년대에 이르러서는, 인적 자본이 앞서 나가는 삶의 주요한 수단이 되었고, 가족은 자녀 중심적이 되었다. 이제 자녀의 기술과 감성을 함양하는 것은 부모의 의무가 되었다. 이 자녀들은 잠재적으로 생산적 활동과 연결될 수 있는 독특한 욕구와 능력을 표현하는 것을 직접 경험하였다. 그들은 부모보다 더 자유롭고 관습에 얽매이지 않는다고 느꼈다.

　　이러한 변화는 불리한 환경에서 잘 해내야 한다는 압박감을 강화했다. 1960년대에 한 가족의 재산은 부모가 사망할 때까지 부모의 통제하에 있었다. 부모와 자녀의 이해관계가 가족의 재산을 보호하고 증가시켜야 한다는 것에 궤를 같이했다. 하지만 1980년대에는, 자녀들이 부모가 권장한 목표 이외의 다른 목표를 추구할 수 있었기 때문에, 부모는 학비에 대한 통제력을 잃어버렸다. 콜리어는 자신의 부모처럼 자녀에게 존경심을 요구하기보다는 자녀의 애정을 얻어 영향력을 행사하려는 부모들에 관해 기술한다. 콜리어는 오래된 가부장적 전통에서 해방된 것으로 추정되는 엄마들의 위치에 대해 숙고한다. 그러나 그들은 남편과 재산을 공유했던 그들의 어머니가 남편에 의존했던 것보다 훨씬 더 남편의 높은 소득 능력에 의존하게 되었다. 이제 여성들은 자녀에 대한 걱정만큼 남편의 건강과 행복에 대해 걱정해야 했다. 동시에 결혼은 숙명적인 안정된 제도라기보다 끊임없이 노력해야 하는 취약한 계획의 일종이 되었다. 게다가 성인 남성과 여성은 노년이 된 부모를 돌보겠다고 부모를 안심시켜야 했다. 노인들은 버림받는 것을 두려워했고, 부모에 대한 사랑의 보살핌을 거부하는 행위를 두고 자녀들이 훨씬 더 신뢰할 수 있는 가족에 대한 의무감보다는 개인적인 욕망을 우선시하는 증거로 보았다.

어디에서나, 인적 자본 투자는 부모가 물질적 재산을 통해 이익을 물려주는 것이 어려워질수록 중요해진다. 재산 가치의 급작스러운 변동을 제외하고는, 물질적 유산이 낳는 가치는 예측하고 통제하기 쉽다. 하지만 인적 자본은 다르다. 인적 자본은 인간을 대신하기 때문에, 항상 유동적이다. 부모는 단순히 인적 자본을 자녀에게 넘겨줄 수 없다. 부모는 자녀의 교육 및 양성에 수년간 투자해야 하지만, 이는 자녀 스스로가 더 투자해 쌓아올려야 하는 기본 요소일 뿐이다. 수십 년에 걸쳐 단편적으로 실현되고, 경제적 흐름 못지않게 아이들의 변덕에 따르는 이러한 투자의 결과는 매우 예측하기 힘들다. 인적 자본 투자가 세대를 거쳐 이루어지면서, 인적 자본은 가족 관계를 형성하고, 역으로 가족 관계는 인적 자본을 형성한다.

최근 몇 년 동안 주택보조금이나 교육지원금같이 청년들이 삶의 발전을 위해 사용했던 공공 자원이 끊기면서, 가족의 중요성에 대한 다수의 논의가 빠르게 이루어졌다. 학자들은 한때 탈가족화나 가족으로부터의 개인의 재정적 독립을 지원하는 정도에 따라 국가 복지 제도를 비교했다. 하지만 혹자는 이제 재가족화(re-familialization)라는 정반대의 경향을 확인한다.[21] 한 가지 예를 들어보면, 부모의 집으로 돌아가는 30대들은 가족의 지원 없이 재정적 독립을 이루는 것이 얼마나 어려운가를 여실히 보여준다. 그러한 어려움은 가족의 가치에 관한 이야기로 가려진다. 가계 부채 및 담보와 연관시켜 가족애와 책임을 옹호하는 미사여구들은 재원을 모을 수 있는 가족들이 그들의 이익을 정당화할 수 있게 해준다. 그것은 또한 자원이 부족한 사람들이 공적 자금을 요구하기보다는 가족에게 재정적 도움을 호소하도록 장려한다.[22] 경제적·정서적 압박에 대응하여, 부모는 그 어느 때보다 자녀에게 많이 투자하지만, 한때 열망으로 가득 찼던 양성소로서의 가정은 위축된다.

이스라엘에서는 그와 같은 가족에 대한 압박이 대중의식으로 나타났는데, 이스라엘 부모의 87%가 다 큰 자녀에게, 때로는 가족이 있는 장년의 자녀에게 정기적으로나 혹은 임시적으로 재정적 지원을 해주고 있으며, 그로 말미암아 그 부모들은 중산층의 산소탱크로 불린다는 것을 보여주는 충격적인 조사 결과가 발표되었다.[23] 가족의 투자가 가족 관계에 미치는 영향을 궁금해하던 나는, 현대 자본주의의 가장 강력한 기관인 금융 부문이 유포한 이상화한 형태로서 그들을 주시했다. 나는 금융의 이데올로기 부문, 즉 재무 기본지식 프로그램(financial literacy program)에 주목했다. 사람들은 자신의 재정을 관리하고, 그에 대한 결정에서 비롯된 결과에 책임을 지도록 지도받는다. 금융화된 경제에서는 일반적으로 빚을 져서 투자할 수밖에 없으며, 이러한 투자 결과에 대해서는 투자할 때처럼 영민하게 통제할 수 없다는 사실에 신경 쓸 필요가 없다고 지도된다. 하지만 핵심은 당연히 여기에 있다. 즉, 짊어지지 않아도 되는 짐을 짊어질 수 있게 사람들을 준비시키는 것이 바로 재무 기본지식 프로그램인 것이다.

우리가 가장 열심히 일해서 성취하는 것들은 위험에 처하게 되는데, 집을 위해 지불해야 하는 가격을 최종적으로 결정하는 변동금리 대출과 퇴직연금의 가치를 위협하는 기관 매개 투자, 그리고 일자리와 저축, 재산에 영향을 미치는 위기의 시장 등을 통해 그렇게 된다. 이렇게 변화무쌍한 환경에서, 재무 교육은 우리 모두에게 권장되는 투자이다. 이는 웹사이트 같은 곳에서 이루어지는 공공 및 민간 포럼, 투자 상담 칼럼, 학교나 직장, 시민센터에서 이루어지는 워크숍이나 세미나, 혹은 이스라엘에서 가장 흔한 형태인 대중 잡지 기사나 TV쇼를 통해 제공된다.[24]

전문가들이 재정난을 겪는 사람들의 재정 개선을 위해 관리를 하는 동안 사람들의 성쇠를 추적하는 TV 프로그램은 모두 가족에 관한 것이다. 1인 가구는 금융 부문이 만든 이상(ideal)에서 벗어나기 때문에 절대 다루어지지 않는다. 이 이상은 다양한 방식으로 설명되는데, 부모의 투자를 이끌어내는 사랑스럽지만 가난한 자극제, 즉 자녀에 논의를 집중하는 것이 이에 포함된다. 부모는 자녀가 출세할 수 있도록 돕고, 자녀를 위해 무언가를 남겨두기 위해 컨설턴트가 제안하는 소비 삭감 방안, 가령 신용카드를 반으로 자르거나 케이블 가입을 해지하는 방안 등을 따른다. 부모가 남겨주는 것은 보통 집인데, 그 가치는 결코 주택담보대출 상환으로 수년간 그 집에 쏟아부은 돈으로 계산되지 않는다. 자녀는 또한 부모가 재정 운영의 위험을 떠안고, 장기 저축의 부담을 짊어지는 자극제가 된다. 이러한 프로그램들에서 일어나는 모든 일의 배경인 자녀에 대한 부모의 사랑은 부추겨지고 칭찬을 받는다.

역사의 여러 시점에서 사회적 불평등의 희생자들은 종교를 통해 그들의 원한을 내세에서 풀 수 있다고 달래졌던 것처럼, 투자 수익은 자녀를 통해 무기한 미래로 연기되고, 부모는 자신에게 발생할 수 있는 경제적 불안정으로부터 눈을 돌리게 된다. 발전과 수익에 대한 상세한 추정 대신에, 부모는 자녀에게 더 나은 삶을 줄 수 있다는 기대감에 가슴 뭉클해한다. 이러한 더 나은 삶이 언제, 그리고 어떻게 이루어질지는 알 수 없다.[25] 그럼에도 불구하고, 부모들은 교육과 주택에 투자를 하지 않으면, 자녀가 다른 가정의 자녀에 비해 불이익을 받게 될 위험이 크다는 것을 알고 있다. 투자 상담은 일반적인 경로를 통해 부모의 이러한 걱정을 자녀의 미래에 대한 자금 지원 지침으로 바꾸어 놓는다. 이는 그렇게 하지 않았으면 돈을 낭비했거나 비축했을 법한 사람들로 하여금 돈을 유통시키게 만드는 강력한 수단이다.

부모-자식 관계와는 대조적으로, 부부 관계는 불안정하고 깨지기 쉬운 것으로 나타난다. 부부는 다투고, 싸우고, 서로에게 비난을 퍼붓고, 원망의 침묵 속에 빠져들지만, 한두 번 정도는 사랑을 되살리기 위해 노력하고, 때로는 간신히 해내기도 한다. 경제적 성공을 위한 노력과 결혼 생활의 성공을 위한 노력 사이에는 큰 차이가 없다. 그들이 내리는 가장 중요한 결정들, 즉 함께 지내고, 아이를 낳고, 집을 사고, 이사를 하고, 일을 시작하거나 휴직을 하는 것 등은 투자 전략으로 간주된다. 그들의 성공은 금융 분야에서 작용하는 것과 동일한 자질, 즉 책임감, 선견지명, 그리고 지략에 달려 있다. 결혼은 그 자체가 투자로 되어 있다. 부부 관계의 시작을 회상하면, 미래의 안정이나 번영을 실현할 사람과 결혼하는 그림이 떠오른다. 결혼 생활은 이 약속을 실현하기 위한 수십 년 동안의 노력으로 특징지어진다. 만약 그것이 실현되지 않으면, 배우자는 실망할 것이다.

배우자는 집안일 일부를 스스로 관리하거나 상대방이 주로 하던 역할을 맡는 것에 실패하는 어색한 상황에 직면했을 때 상호 의존성을 깨닫는다. 서로가 필요하다는 것을 배운 그들은, 자신의 직무와 가사에 대한 책임을 조율하고, 은행 계좌를 통합하고, 서로의 사업 계획에 투자하도록 지도된다. 주택 구매를 위해 30년 만기 주택담보대출을 받고, 괜찮은 인적 자본을 갖춘 아이를 길러내려면, 적어도 두 명의 헌신적으로 일하는 투자자가 필요하다. 부부는 이를 받아들이고 합작 투자하도록 배우며, 무엇보다 자녀에 대해, 그리고 결혼을 선택함으로써 그런 결혼의 잠재적 가치*에 소유권을 지닌 배우자에 대해 책임을 지도록 지도받는다.

다른 친척들은 투자나 예측된 위험 감수를 저지하기보다 격려하는 한에서 소중히 여겨진다. 궁핍한 친척은 소모적인 골칫거리로 여겨진다. 하지만 이러한 프로그램에 출연한 이스라엘 사람들 사이에서는, 친척들이 육아를 하거나 임시주택에 거주하는 동안 더 자주 돈을 빌려주거나 증여를 하고, 대출 담보까지 제공하였다. 그런 친척들의 도움이 부부를 안일하게 만들면, 친척들은 부부가 독립적인 성년이되는 것을 방해하는 장애물로 그려진다. 그러나 친척들이

---

* 부부 공동의 노력으로 일궈낸 자산들을 의미한다.

가령 새로운 사업을 위한 대출에 보증을 서주거나 집 계약금의 지불을 도와주는 등 부부의 계획 달성의 촉매제가 되면, 그들은 가족의 필수적인 성원으로 환영받고 부부가 재정 계획을 짜는 데에 동석하게 된다.

콜리어가 확인한 배우자 및 자녀에 대한 투자에서 오는 불확실한 수익을 둘러싸고 스페인 마을 사람들이 보인 긴장을 상기해보자. 이스라엘 가족들 사이에서도 유사한 불안감이 나타난다. 재정상담가들은 훨씬 투자 친화적인 방식으로 가족 관계의 약화와 그 일회성을 인식한다. 가족 및 부부 관계의 불확실성(contingency)이 핵심이다. 어려움을 겪는 노동자를 자발적인 투자자로 만드는, 자기 결정적 사회이동이라는 이데올로기는 중산층이 될 가능성을 그림자처럼 따라다닌다. 끊임없는 기여로 축적이 확대되려면 개인의 사회적 위치가 고정되어서는 안 되는 것처럼, 경제성장을 촉진하기 위해서는 의무와 전통의 기반 위에 관계가 구축되어서는 안 된다. 대신에, 사람들의 가장 친밀한 관계, 즉 배우자나 부모나 형제자매는 매우 불안정한 토대 위에 있어야 하며, 그 관계에 내재된 잠재력을 실현하기 위해서는 실제 "투자"가 이루어져야 한다.

사랑과 헌신은 재산과 인적 자본에 대한 투자를 고무하는 한에서 중시된다. 물질적·비물질적 소유는 배우자와 부모가 가정의 범위에서 소비하던 자원을 그것의 가치를 결정하는 세계 시장의 기관들로 흘려보낸다. 가족 관계가 취약하기 때문에, 그리고 가족 구성원의 지출이 예측할 수 없는 수익을 낳기 때문에, 배우자와 자녀에 대한 투자는 계속되어야 하며, 축적되어야 한다.

나는 이 장을 요르단강 서안지구에 있는 유대인 정착촌의 사회적 쇠퇴가 어떻게 세대 간 불안감에 반영되었는가를 고찰하는 것으로 시작했다. 나는 이제 여타 지역사회와 가족에게서도 열성적인 투자를 이끌어내고 있는 이러한 관계가 인적 자원을 증가시키고 자본화하려는 시도에서 비롯된다는 것을 확실시하고자 한다. 이러한 노력은 잠재적 보상을 초과하는 잉여가치를 생산해야 하는 경제가 부과한 의무에서 나온 것이기 때문에, 늘 부족할 수밖에 없다. 중산층 이데올로기가 우리를 지배받는 노동자이지만 노동과 시간, 자원의 자기 결정적 투자자로 묘사한다면, 인적 자본은 이를 가장 잘 시사하는 표현일 것이다. 경쟁하는 환경에서 이익을 찾고 불이익을 경계하는 자극제로 작용하면서, 중산층 이데올로기는 우리의 일상적 행동을 지휘하고 우리의 가장 가까운 관계에 스며드는 축적 과정에 우리가 타협하게 만든다. 이 이데올로기는 비인간적인 자본을 마치 우리의 인성(personality)의 일부인 것처럼 묘사하면서 그렇게 하는

데, 우리는 이러한 자본을 자신의 이익을 위해 자유롭게 행
사할 수 있지만 의도한 결과를 낳기 위해서는 이에 기댈 수
없다. 즉, 중산층 이데올로기는 인적 자본을 너무나 인간적
인 것으로 특징짓는다.

제4장
굿바이 가치, 굿바이 정치

앞장에서 나는 중산층이 하나의 이데올로기라는 주장을 했다. 이 이데올로기는 투자 주도적인 자기 결정을 가장하여 사람들의 이목을 사회이동으로 돌림으로써, 노동 가치의 저하와 이러한 저하로 인한 사람들의 고충을 불분명하게 만든다. 이 이데올로기는 생계를 위해 일해야 하면서도, 당장 소비하는 것보다 미래를 준비하기 위해 가외의 노동과 시간, 여타의 자원을 쏟아부을 수 있는 사람들 사이에서 가장 신용을 얻는다. "중산층"으로 지명된 그들은 이러한 지출을 선택으로, 자산을 이러한 선택의 결과로 간주하도록 장려된다. 가치 있는 자원이 부족하고 지속적인 이익을 얻기 어려운 경쟁의 환경 속에서, 그러한 투자와 그 투자가 가져다주는 상대적 이익은 왜 어떤 사람들은 성공하는 반면 다른 사람들은 뒤처지는가에 대한 이유로 제시된다. 이러한 설명에 동의하는 사람들은 그들이 가진 것을 보호하고, 가지지 못한 것을 얻으며, 통상 자신의 이익만을 생각하기 위한 노력을 두 배로 늘릴 좋은 구실을 갖게 된다.

그러나 놀랍게도, 글로벌 중산층을 연구주제로 삼고 있는 학자들은 세계 인구 가운데 가장 정치적으로 활발한 집단이 바로 이들이라고 특징짓는다.[1] 이 자체는 놀라운 일이 아니다. 왜냐하면 투자할 돈을 지닌 노동자들은 그 돈을 시위에도 쓸 수 있기 때문이다. 노동과 천연자원의 착취에 따른 물질적 쇠퇴와 환경파괴를 감안해보면, 시위를 벌일 일이 부족하지는 않다. 취약성은 사회집단에 따라 매우 다양하게 나타날 수 있기 때문에, 일부 사람들은 다른 이들에 비해 훨씬 더 많이 세계적 축적의 피해를 입는다. 그럼에도 불구하고, 세계적 축적은 인종, 성별, 국적의 구분을 넘나들며 전 세계 대부분의 사람들에게 고통을 주고 있다. 따라서 분개한 99%(이상화된 중산층 범주와 비슷하게 맞춰진 범주)를 대표하는 시위에 강력한 논거들이 제시된다. 그러나 이 중산층의 자기 결정적 투자 정신에 시위가 휩쓸리게 되면, 과연 어떤 일이 벌어질 것인가?

이번 장에서는 중산층 이데올로기에 부합하는 정치와 가치에 대해 자세히 살펴본다. 시위와 시민운동에 대해서만이 아니라 자본주의가 낳은 정치에 대한 비판적 사상들에 대해서도 간략히 언급하면서, 먼저 미국에서 표명된 정치와 가치를 살펴보고, 뒤이어 나의 문화기술지 연구에 기반하여 독일과 이스라엘에서 나타난 정치적 변화 및 가치에 대해 살펴본다. 이러한 사례들은 투자 주도적인 자기 결정이라는 중산층 이데올로기가 활동가들이 세우는 최고의 목표에 영향을 미치는 다양한 방식을 보여줄 것이다.

정치학자 프랜시스 후쿠야마(Francis Fukuyama)가 중산층 혁명에 불과하다고 분석한 최근의 세계적 저항운동에서 논의를 시작하는 것이 적절할 것 같다.[2] 그는 이집트, 튀니지, 터키, 브라질과 같은 곳에서 일어난 봉기를 신 글로벌 중산층의 부상 때문이라고 보았다. 이 지역의 시위대 대부분은 부유한 엘리트나 빈곤한 최하층 계급이 아니라, 이미 교육이나 고용을 위한 기술 습득에 투자하였거나, 어떤 경우에는 재산에 투자한 청년들이었다. 그들은 후속 고용과 물질적 진보에 대한 그들의 기대가 충족되지 않았던 정치적 현실에 분개했다. 야심 찬 투자자였던 그들은, 좋은 정책 수립과 제정을 통해 많은 것들을 얻었다. 또 정부가 그들의 소유물을 몰수하고 투자를 무효화할 수 있는 한, 그들은 나쁜 정책의 지속으로 인해 손해를 보기도 하였다.[3]

후쿠야마는 투자 허용 정책이 최근의 시위를 지지하

는 것으로 보면서 중산층의 부상에 대한 낙관론을 펼쳤지만, 그들이 구상했던 진일보를 이루는 데 실패했다고 보면서 이런 전망은 수그러들었다. 일부 국가에서는 그 시위가 부패한 정권을 무너뜨리는 데 성공하여, 독재자의 명령에 의해 하향식으로 사회가 운영되던 곳에서 이제 시장의 힘이 사회를 내부에서 조정할 수 있게 되었다. 후쿠야마는 중산층의 재산이 증가하지 않는 것이 그러한 발전 때문이라고 보는 것을 꺼린다. 그는 중산층이 그 국가들에서 중산층이 아닌 대다수와 폭넓은 동맹을 맺고 있다고 여기고, 이를 그 원인으로 보려고 한다. 그가 중산층에 부여한 시장 친화적인 이익과는 대조되게, 이러한 대다수를 당시에 결국 우위를 점한 보호무역주의와 연관시킨다.

개발도상국에 대한 설명들은, 어떤 사회적 행위자에 기인하는지와 관계없이, 이러한 보호무역주의의 책임을 강조한다. 이 설명들은 개발도상국에서 나타나는 노동 관련 제도들의 취약성과 낮은 공식 고용률을 지적한다. 이러한 사회제도가 없으면, 불만을 지닌 사람들이 저항을 계속할 수 있는 제도적 지원이 부족해진다. 따라서 개발도상국의 정치는 재산권과 보호를 둘러싼 투쟁으로 대부분 형성되었다. 재산과 명망을 쌓아 빈곤에서 벗어난 사람들은 권력 엘리트나 포퓰리스트 통치자의 침해로부터 그들의 이익을 지킬 가능성이 매우 높다. 이와는 달리 빈곤층의 어려움은 그들의 종속을 굳건히 하는 복지정책을 통해 해결되어왔다. 그러므로 이 국가들에서 소득 증가는 민주주의를 향한 행진이 결코 아니었다. 후쿠야마와 여타 연구자들이 글로벌 중산층으로 구별한 이들 가운데 더 많은 것을 지닌 사람들은, 훨씬 더 취약한 동포들에 맞서 분배를 둘러싼 싸움을 벌이고 있다. 그들은 전반적으로 정치적 권리보다는 질서와 안정을 요구한다.[4]

　　이러한 관점은 자본주의 주역들의 정치와 관련해서 골치 아픈 문제가 생길 수 있다는 우려를 떨쳐내지 못한다. 그러나 정치사상에서 가장 뛰어난 지성들 중 일부는 이미 오래 전부터 이것이 사실일 수 있다고 암시해왔다. 1919년에, 사회학자 막스 베버(Max Weber)는 뮌헨의 학생 노조원들에게 정치적으로 참여하는 데 필요한 것들에 관해 강의를 하였다. 폭력의 필연성은 그의 강의노트에 바탕을 둔 에세이 "소명으로서의 정치"에 잘 나타나 있다.[5*] 과거의 정치운동을 재검토하면서, 베버는 두 가지 서로 다른 동기를 관찰하였다. 정치는 강한 신념에 의해, 즉 어떠한 희생을 치르더라도 추구되는 흔들리지 않는 믿음에 의해 주도될 수 있다.

＊　막스 베버, 『소명의로서의 정치』, 박상훈 옮김, 후마니타스, 2021.

강한 신념에 기반을 둔 정치는 도취적이지만, 빈번히 큰 참사나 유혈사태로 이어진다. 정치는 또한 행동의 사회적 결과에 대한 책임의식에 의해 주도될 수 있다. 그러나 공리(公利)를 창출하려는 노력은 이러한 비전을 실현하기 위해 필요하다고 여겨지는 강압적 수단에 의해 좌절된다. 베버는 정치에 참여하고 싶어 하는 어떤 누구도 이러한 역설을 무시할 수 없다고 경고하였다.

1930년대의 몰락하는 파멸 속에서, 유대계 독일인이자 비판이론가인 막스 호르크하이머(Max Horkheimer)는 "에고이즘과 자유를 위한 운동(Egoism and Freedom Movements)"이라는 에세이를 썼다.[6] 그는 가치가 현실과 충돌하고, 정치적 열망은 폭력이 아니고서는 실현될 수 없다는 베버가 명기한 역설을 이미 운명 지워진 것으로 보기보다는 그가 부르주아 사회라고 부르는 것의 징후라고 보았다. 자본주의 생산양식에서, 사람들은 그들의 물리적·물질적 자원의 교환을 통해서만 그들의 욕구를 충족시킬 수 있다. 이윤을 극대화하는 방식으로 물건을 생산하고 그 가격을 매김으로써 만들어지는 인위적 결핍(Artificial scarcity)은 주택과 교육, 다양한 상품과 서비스, 일자리와 명망에 이르기까지 모든 것을 두고 사람들이 경쟁하게 만든다. 이러한 것들은 노동과 재산으로부터 얻는 수입, 즉 그 가치가 경쟁에 의해 결정되는 소득과 자산에 의해 획득될 수 있다. 공동의 생계수단을 상실한 사람들은 사리사욕을 지닌 개인으로 고립되고, 이러한 거래에서 스스로를 보호하도록 압박받는다. 서로를 배려하거나 혹은 서로를 적대적으로 만드는 그들이 필요로 하는 사적 소유 자원의 교환은, 가정을 유지하기 위해 매일매일 들이는 노력 속에서 사람들이 서로에게 무관심하도록 만든다. 이러한 환경에서, 번창하거나 혹은 그럭저럭 살아가는 것은 적잖이 이기적인 자기중심주의를 필요로 한다.

중산층의 대다수는 지속적인 즐거움과 안정을 누릴 수 없기 때문에 이러한 자기중심주의에서 전혀 재미를 느끼지 못한다. 사람들은 자원의 소유와 생산, 유통을 조직하는 구조 및 제도로부터 강요받기 때문에 노동을 하고, 교환을 하는 것이다. 즐거움의 추구를 조용한 감내로 대체하는 딱딱하고 도구적인 종류의 이기주의를 지닌다면, 그들은 그들이 하는 일에서 더 효율적이고 경제적이 될 수 있다. 자본주의 게임에서 유능한 선수가 된다는 것은, 시장에서 결정된 자기 발전과 정치적으로 결정된 공리를 위해 혹은 그를 단지 따르기 위해 쾌락주의적인 욕구를 억눌렀다는 것을 의미한다. 약간의 자기 부정은 그 자체로 미덕으로 간주된다.

그러나 상황이 요구하는 만큼 개인이 이기적이지 않을 때마다, 고립과 경쟁은 사람들 사이에서만이 아니라 각 개인의 정신 속에서도 갈등을 유발한다. 철학과 종교, 윤리학은 이런 내적 갈등을 반영한다(호르크하이머는 주류 학파를 분석한다). 한편으로, 사람들은 자본주의가 그들에게 각인한 태도에 의해 이해되는데, 그들은 자신의 이익을 추구함에 있어 선천적으로 이기적이고 기회주의적이라고 간주된다. 반면에, 그들이 보여주는 반대 성향은 이기주의를 극복한 것처럼 보이기 때문에, 미덕으로 신성시되고 다른 사람들의 모범으로 받아들여진다. 이런 식으로 사람들은 비현실적인 관념론으로 자신을 잠식하면서, 그들이 반드시 그렇게 되어야 하는 것과는 정반대에 있는 도덕원칙에 비추어 자신을 평가한다.

　　호르크하이머는 종교개혁 및 프랑스 혁명과 관련된 정치운동에서 이기주의, 자기 부정, 그리고 관념론이 얽히는 복잡한 관계를 추적하였다. 이 운동을 이끄는 엘리트들은 봉건제나 군주제를 자력으로 타도할 수 없었고, 그들을 위한 이 투쟁에서 싸워줄 가난한 사람들을 모아야만 했다. 대중에게 더 나은 여건을 약속하면서 그들이 결국 시행한 정책은, 부패한 지도층을 타도하면서 사적 소유를 확대하고, 행정을 좀 더 효율적으로 만들면서 자본주의를 강화하는 것이었다. 이 정책은 이전의 위계질서와 비교해보면 진보적인 것이었지만, 그들은 상속된 불평등을 근절하기보다는 재정립하였다. 불평등은 더 이상 사회적 지위의 문제가 아니라, 운 좋은 재산소유자와 재산이 없는 다수 사이의 격차로 굳어졌다. 이 운동을 이끈 대다수에게 부르주아의 자유를 위해 싸우는 것은 그들 자신의 행복을 위한 싸움에 동참한다는 것을 의미했다.

이러한 정치의 모호성은 그들의 인간주의 이데올로기(humanist ideology)에서 구체화된다. 인간주의는 인간을 운명의 창조자로 미화한다. 이는 사람들의 자기 결정과 이 세상에서 행동하고 자신의 삶을 이끌어가는 사람들의 힘에 대해 존엄성을 부여한다. 그러나 인간주의를 옹호하고 이를 구현하기 위해 애쓰는 바로 그 사람들이, 자원의 사용을 통제하고 가치 하락과 손실에 그들을 노출시키는 시장의 역학을 따르면서 수없이 많은 제약을 받는다. 호르크하이머의 암울한 판단에 따르면, "매시간 사회가 새롭게 입증하는 것은, 사람이 아니라 오직 그들을 둘러싼 환경만이 실제로 존중받을 자격이 있다"는 것이다.[7] 인간주의의 이상이 살아 있는 경험에서 멀어질수록, 사람들은 더 비참해 보일 수밖에 없다.

호르크하이머가 썼던 궁핍한 대중의 정치운동과, 학자들이 "중류층(the middle masses)" 혹은 "다수 계급(the majority class)"[8]이라고 부르던 이들의 오늘날 화제가 되고 있는 정치운동을 구분 짓는 수많은 변화들이 수세기에 걸쳐 이루어져 왔다. 공리를 위한 희생이 시대에 뒤떨어진 것이 되는 동안 자기 부정은 다소 약화되었다. 그러나 이기주의와 인간주의, 즉 사리사욕과 관념론의 불편한 공존은 그 어느 때보다 지금이 탄력적인 것으로 보인다. 베버와 호르크하이머를 따라, 우리는 고용, 소유, 교환 구조를 그것이 발달하기 시작한 때부터 고찰하는 것을 통해 이러한 관념론에 관한 이해를 도모할 수 있다.

이러한 고찰의 전편(prequel)으로는, 역사학자 로렌스 글릭먼(Lawrence Glickman)이 19세기 후반부터 미국 노동자들을 분석한 연구를 들 수 있다.[9] 그들은 산업화의 물결로 자신의 농장이나 작업장을 닫고 임금노동에 종사해야 했기 때문에, 독립적 생산자가 되기 위한 노력을 더 이상 하지 않게 되었다. 남성 노동자들은 처음에는 필요에 의해, 나중에는 그들의 기대를 낮춤으로써 그들이 "임금 노예제"라고 여기던 것을 받아들이게 되었다. 경제적 자립을 포기한 그들의 새로운 목표는 그들이 생활 임금이라고 부르는 것, 즉 생계를 꾸리는 사람이자 소비자로서 가지는 필요를 충족시키는 데 드는 보수를 확실히 받는 것이었다.

정치적 지향의 변화는 거기서 멈추지 않았다. 제2차 세계대전 이후까지, 생활 임금은 이러한 노동자들이 가족을 부양하고, 자존감을 지키고, 시민생활에 참여할 수 있는 수단과 여가를 누릴 수 있도록 책정되었다. 하지만 소비재에 대한 접근성을 높이기 위해 생산의 독립성을 포기한 노동자들은, 이제 그들의 물질적 필요를 충족시키기 위해 오직 시장에만 의존했다. 그들은 더 이상 주변부에서 고용 및 분배 구조에 저항할 수 없었다. 경쟁에 갇힌 그들은, 이익집단으로 세분화하여 자신들의 목표를 재고했다. 소외계층의 생활임금은 최저 임금으로 하향 조정된 반면, 특권층은 더 많은 물건을 살 수 있는 소득을 요구했다. 글릭먼은 노동자에서 소비자로 변신한 사람들이 정치 참여를 회피하면서 소비에 열을 올리는 것을 보면서 대량 소비의 경제적 이점을 잘 알고 있던 기업 지도자들이 얼마나 환영했는가를 설명한다.

소비에 기초한 생활수준을 둘러싸고 노동자, 고용주, 기업 지도자들 사이에 맺어진 타협은 다른 국가의 노동자 투쟁에도 영향을 미쳤다. 이러한 타협의 조건은 노동자들이 그들의 가장 야심 찬 요구를 포기한 이후 재작성되었는데, 대개 그 시점은 노동자로서 그들이 지녔던 힘이 약해졌을 때였다. 사회보장제도가 가장 잘 알려진 예일 것이다. 제2차 세계대전 이후, 서구의 민주주의 국가들은 불황과 공산주의의 위협에 맞서 경제를 부양시킬 필요가 있었다. 그들이 도입한 복지정책은 생계를 유지하는 생활수준에 대한 노동자들의 요구에서 비롯된 것이었는데, 이는 노동자들을 회유하여 소비자로 전환시키는 것을 통해 수익성을 높이는 새로운 전략과 결합되어 있었다. 노동자의 예금은 사회보험을 통해 수요를 촉진하는, 즉 소득을 증대하고, 고용을 창출하고, 개발을 위한 자금을 지원하는 투자들과 연결되었다. 이러한 정책은 높은 고용률과 높은 수요가 결합되어 기업의 수익성에 지나친 압박을 가하기 전까지 계속 시행되었다. 1970년대부터 이러한 복지정책은 국가에 따라 정도 차가 있었지만, 금융 규제 완화, 민영화, 공적 보호 제도의 철회를 위해 폐기되었다. 노동조합이 해체되고 그들의 교섭력이 약화된 반면, 기업은 임금을 깎고 수많은 노동자들을 해고함으로써 회사를 효율적으로 운영해야만 했다.[10]

　　오랫동안 사람들의 사회적 지위가 소비선택을 반영하고 강화해온 미국에서는, 보호를 받지 못한 노동자들이 정치적 수렁에 빠져 있다. 생활방식을 유지하기 위해 의존하는 상품 및 서비스의 가격을 낮추는 구조가 그들의 노동소득을 깎는 구조와 결부되어 있기 때문이다. 다국적 소매기업인 월마트(Walmart)는 이러한 복잡한 관계를 전형적으로 보여준다. 월마트가 확장되는 곳마다, 직종별 평균 임금률은 하락한다. 그런데도 월마트는 노동자들에게 그들의 가족을 포함한 모든 사람들이 더 낮은 가격을 누리는 폭넓은 사회적 목표에 공헌하기 위해 높은 임금을 포기해야 한다고 요구한다. 월마트는 소위 낮은 물가와 저임금의 절충이라는 주제에 관한 국민적 담화에 미국 대중 대다수가 참여하도록 설득했다. 이 프레임은 사람들로 하여금 자신의 이익을 오로지 소비자의 관점에서만 생각하도록 장려할 뿐만 아니라, 합리적인 소비를 애국이라고 강조한다.[11]

소비자라는 이해관계는 미국 노동자들을 기업과 시장에 결속시키고, 그들이 예상된 소비 수준을 달성하고 미래의 소비를 준비하는 데 도움을 줄 자원을 제공한다. 이러한 타협은 집단중심주의(collective priorities)와 재분배 정책을 무너뜨리고, 더 나아가 시민권의 권리와 요구를 잠식한다. 소비는 차이와 개별적 특성, 개인의 열망을 나타냄으로써 사람들의 위치를 표시한다. 이러한 지향은 결국 그들의 집단적 힘과 공동의 이익을 무너뜨린다. 이는 미국에서 일어난 반 월가 시위(Occupy Wall Street)라는 사회적 봉기에 더욱 주목하게 만든다. 하지만 반 월가 시위에서 표현된 포용성과 통합에 대한 열망은 소비자이자 투자자였던 시위자들 사이에서 나타난 분열로 덧씌워졌다. 결국 이러한 분열로 인해, 시위자들의 공동의 명분은 그 시위의 집단적 힘을 무너뜨린 소비 지향적이고 신자유주의적이고 개발 지향적인 서술들에 자리를 내주고 말았다.[12]

막스 베버가 신념 윤리와 책임 윤리를 분석적으로 구분했다면, 인류학자인 조엘 로빈스(Joel Robbins)는 각 윤리를 권장하는 환경의 차이에 주목한다.[13] 행동의 결과에 책임을 지는 것은 이러한 결과를 예측할 수 있을 만큼 환경이 안정적이어야 가능하다. 그러나 오늘날, 우리의 가장 훌륭한 행동은 우리가 상상하지 못했던 방식으로 그러한 행동의 발현과 그것이 미치는 영향을 지시하는 제도적 현실에 얽매여 있다. 따라서 우리는 무엇이 선이나 악을 구성하는가에 대한 명확한 지침을 받으면서 그에 일괄적으로 맞춰진다. 로빈스는 개종자들 사이에서 이러한 일이 일어나는 것을 보여주지만, 이는 일반적 규율의 한 극단적인 예일 뿐이다. 왜냐하면, 우리의 시대정신 자체가 통제할 수 없는 결과를 초래하는 정치적 계획의 진흙탕을 헤쳐 나가는 것보다는 도덕적 지침을 내부적으로 찾는 것에 맞춰져 있기 때문이다.

미래를 보장하고 가족을 돌보기 위해, 우리는 타인이 소유한 것에 비해 더 이익이 되는 재산과 인적 자본에 투자한다. 가장 가까운 사람을 사랑으로 돌보거나, 의식적이고 양심적인 선택에 의해 다소 먼 사람을 돌보는 경우, 우리는 이로 말미암아 우리가 하게 된 희생을 생각한다. 실용주의와 공리주의를 뛰어넘는 선택에는 자기 부정이 있으므로, 이러한 선택에는 큰 비중이 실리고 그 의미가 채색된다. 자본주의 맥락에서, 선택의 자유는 상반되는 압박에 맞닥뜨렸을 때 행사된다. 자신의 도덕적 잣대를 따를 수 있는 한 가지 방법은, 합리적으로 행동할 수 있는 윤리적 입장, 즉 즉각적이고 자기 결백적인 효과를 지닌 입장을 고집하는 것이다. 이는 순진하고 억지스러워 보이는 비용이 많이 드는 일을 회피하면서, 자기 부정에 의해 즉각적으로 그 진실성이 입증되는 그런 방법이다.

불안정한 상태, 기회 부족, 빈약한 보호제도, 낮은 생활수준에 직면한 우리는 사랑하는 이들을 책임지고, 미래를 대비하는 데에 시간과 자원을 쏟아부어야 한다. 그럼에도 불구하고, 우리들 중 일부는 더 작은 규모에서 사회적으로, 정치적으로 활동하고 있다. 중산층으로 상정되는 이들은 정치적 시위뿐만 아니라 가치에 따른 자원봉사나 시민활동(civic activism)과도 관련되어 있다. 그들은 미국 사회의 가치에 대한 고전적 연구에서 주요하게 다뤄진 행위자들이다.[14] 시위나 봉기와 마찬가지로, 필요한 것을 얻기 위해 무언가를 할 수 있는 수단을 가진 사람들은 당연히 실제로 그 수단을 이용해 필요한 것을 얻고자 할 것이다. 하지만 정치처럼, 단체행동은 중산층의 이데올로기 틀 안에서 독특한 형태를 취한다.

우리는 주변 세계가 어떻게든 우리의 도덕적 가치를

반영한다고 생각하기를 좋아한다. 이는 우리가 특정 지역사회의 성격, 가령 종교적, 다문화적, 소비 지향적, 진보적 혹은 보수적이라는 성격을 그 지역 주민들이 지닌 가치와 관련지을 때 하는 가정이다. 그러나 밀착 조사를 통해, 그 지역 거주민들의 성향이 공개된 지역사회의 성격과 다르다는 것을 밝혀낼 수 있다. 지역사회의 성격과 다른 가치를 지닌 사람들이 그들의 생각을 자유롭게 말하기 시작하면, 그러한 부조화는 문제가 될 수 있다. 하지만 개인의 관점과 부과된 도덕 체제 사이에 자리한 이러한 긴장은 우연히 만들어진 것이 아니라 가치 자체의 속성이다.

자유는 강력한 통치자의 요구에 굴복하고, 그 통치자가 제정한 법을 따라야만 했던 전자본주의 사회에서는 보기 드문 사치로 여겨졌다. 또한, 중앙집권적 권력과 위계질서는 이러한 사회에서 어떤 상품이 생산되고, 어떻게 사용되며, 어떤 조건을 따라 유통될 것인지를 결정했다. 반면에, 자본주의 체제에서는 사적 소유자 및 생산자들 사이의 경쟁으로 축적이 촉진되고, 사회적 자원은 시장 교환의 결정을 따라 가격이 책정된다. 재화의 생산과 교환은 물론 그 사회 및 제도들의 재생산도 개인의 자유로운 교환과 서로 간의 상호작용, 그리고 그들을 둘러싼 환경과의 상호작용을 통해 저절로 이루어지는 것처럼 보인다.

이 체제에서 우리가 어떻게 행동하느냐는 외부에서 부과된 권위를 고려해 이를 준수하는 방식으로 이루어지기보다 대부분 우리의 충동과 의도를 반영해 결정된다. 이것이 일반적으로 개인의 자유라는 이상이 의미하는 바다.[15] 그러나 우리가 어떤 종류의 물건이 생산되는지에 대한 실질적 발언권이 없고, 우리의 기호와 욕구를 표현함으로써 구조와 제도(시장과 그에 부수된 정책들)를 통제할 수 없는 한 그러한 자유는 매우 모호하고 제한적이다. 또한 우리는 이러한 구조가 창출하는 사회적 관계나 경제적 동향을 만들거나 지시할 수 없다. 우리 자신을 표현할 자유는 있지만, 이러한 자유를 사회적으로 의미 있는 방식으로 행사할 수 있는 힘은 제한되어 있다.

가치는 이 무기력(powerless)한 자유를 반영한다는 점에서, 의무감이나 개인적 미덕과는 다른 종류의 도덕이다. 외부의 지시에 구속받지 않고, 미리 정해진 내용이 전혀 없는 가치는 선택의 자유를 나타낸다. 우리는 가치를 취하거나 버릴 수 있으며, 이는 애매하게 유지되거나 매우 소극적인 상태에 있을 수 있다. 더욱이 우리는 서로 다른 가치들 중 하나를 선택함으로써 우리의 자유를 아주 깊게 경험할 수 있다.[16] 그러나 가치는 실현의 의무로부터도 자유롭다. 왜냐하면 내용이나 의의가 전혀 없이 주장될 수 있기 때문이다. 우리는 지체하지 않고 이익보다는 가치에 따라 행동한다고 늘 주장할 수 있으며, 가치가 소극적인 상태이거나 다른 고려사항들에 의해 무시되거나 혹은 예상된 결과를 산출할 가능성이 없는 경우에도 가치를 주장할 수 있다. 프리드리히 니체(Friedrich Nietzsche)가 가치를 그토록 비판적으로 재평가한 것도 바로 이 때문이다. 그는 적대적인 현실로부터 스스로 배제되는 가치를 두고 "무기력의 악취를 풍긴다"고 썼다.[17]

가치를 규정하는 두 가지 부가적 특징이 있다. 첫 번째는 가치가 전적으로 주관적인 것이 아니라 그 가치를 의미 있다고 인식하는 도덕공동체를 전제한다는 것이다. 가치는 국가적 가치, 종교적 가치, 직업적 가치, 자유주의적 가치 등으로 분류될 때, 같은 생각을 가진 타인들이 존재한다는 것을 특히 중시한다. 두 번째는 우리가 일반적으로 사리사욕과 반대되는 가치를 주장한다는 것이다. 사실, 우리는 우리 자신뿐만 아니라 다른 사람이 가진 가치도 사심이 없을 때에만 진지하게 받아들인다. 가치는 욕구에 대한 초월을, 즉 이기적으로 행동하고 싶은 유혹에도 불구하고 옳은 일을 한다는 의미를 내포하고 있다.

이 특징들을 종합해보면, 우리의 일상이 그 어떤 가치도 암시하지 않을 때 가치는 자유와 도덕의 표현으로서 우리에게 매력적인 것으로 다가온다. 부족해진 자원을 두고 경쟁의 압박을 받고 있는 우리는 자신이 사적이고 실용적인 이익 추구에 사로잡혀 있다는 것을 알게 된다. 우리는 우리의 투자가 결실을 맺을 것이라고 생각하지만, 이러한 기대는 최선의 노력이 역효과를 낼 위험도 있다는 사실에 부딪힌다. 추구하는 것을 이룰 수 있는 수단을 가졌더라도, 받는 것보다 더 많은 돈을 쓰고, 통제할 수 있는 것보다 더 많은 것에 대해 책임을 지는 상황이 왕왕 연출될 수 있다는 것을 알게 된다. 너무 많은 실패는 자기 회의와 좌절을 가져올 수밖에 없다. 이러한 경우에 우리가 가장 쉽게 경험하는 것은 우리의 자유가 아니라, 시종일관 우리를 휘두르고 있는 주변 환경의 힘이다.

그럼에도 불구하고, 우리가 우리와 유사한 성향을 지닌 다른 사람들과 함께 주변 환경에 영향력을 행사한다면, 자기중심적인 실용주의보다 덜 환멸적이고 좀 더 고상한 표현 형식을 통해 주변 환경에 맞춰질 수 있다. 그러한 형식 중 가장 대표적인 것이 가치이다. 가치를 통해 자신을 표명할 때, 우리는 더 안정된 토대에 서게 된다. 왜냐하면 가치는 현실보다는 신념에, 물질적 보상의 포기에, 그리고 실제 영향력에 얽매이지 않고 비슷한 성향을 지닌 타인들이라는 가상적 존재로 입증되는 보편성에 기반을 두기 때문이다. 시위, 자원봉사, 연대활동, 시민운동에서 가치는 우리의 약해진 힘을 발산할 강력한 수단을 제공한다. 또한 가치는 보상받지 못한 투자를 기꺼이 한 희생처럼 보이게 만들어 우리에게 선택의 자유가 있다고 주장한다. 우리는 마치 더 고귀하고 비물질적인 이상을 추구하면서 실용주의를 초월하고 있는 것처럼 보인다. 그렇게 함으로써, 가치는 우리의 삶을 조직하는 구조의 경직성을 우리가 받아들이게 만든다. 가치는 우리가 바꾸고 수정할 수 있는 국한된 범위 내에서 제약된 조절을 하면서도, 머릿속에서는 그 구조를 넘어서게 만든다. 가치는 사회가 우리의 연합한 힘에 어느 정도 반응을 한다는 느낌을 준다.

이는 미국의 시민단체들을 분석한 니나 엘리아소프(Nina Eliasoph)의 문화기술지 연구에 잘 나타나 있다.[18] 그는 여러 단체 중에서, 미국이 다른 국가에 무기를 수송하는 것을 저지하기 위한 정기적인 평화집회와, 유독폐기물 소각로가 마을에 건설되는 것을 막기 위해 결성된 한 시민단체를 연구했다. 이 활동가들과 자원봉사자들은 사회적 불의에 맞서 싸우고, 더 나은 사회를 상상하고, 이러한 상상을 현실로 만들기 위해 연합했다. 그들은 시위를 조직하고, 청원서를 배포하고, 로비를 하고, 자원봉사를 했다. 하지만 그들은 자신의 영향력에 대해 불안해했고, 다른 사람들의 동기를 의심했다. 이로 인해, 모든 사람들은 사리사욕과 자녀에 대한 관심에서 나온 "가정과 밀접히 관련된" 문제들로 그들의 목표를 재설정하였다. 시간이 지남에 따라, 그들의 과업은 점점 축소되었고, 실현 가능성은 더욱 커졌다. 그 활동가들은 그들이 실제로 해결할 수 없는 문제에 대해 걱정하는 것은 시간 낭비라고 느꼈고, 대신에 모든 사람들이 중요하고 실질적이라고 느낄 수 있는 세계의 한 부분*을 만드는 일에 집중했다. 그들이 자신의 힘으로 해결할 수 없는 곤경에 압도되는 바로 그때에, 가치는 그들의 자기 결정 욕구를 발산할 수 있는 믿을 만한 수단을 제공하였다.[19]

경제 정책이 노동인구를 약화시킨 정도를 감안해보면, 미국이 가장 극단적인 예가 될 것이다. 독일에서는 이른바 사회적 시장경제가 미국이 더 이상 누리지 못하는 사회 보호정책을 지금까지 유지해오고 있기 때문에, 미국과 선명한 대조를 이룬다. 독일의 산업 전반에 걸친 자본과 노동 간의 교섭 구조는 사회정책을 확장시켜 임금 제한을 보상해왔다.[20] 제2차 세계대전 이후, 독일은 정치적 합의에 복귀하는 일환으로 중산층을 재건하기 시작했다. 서독은 재통일 이후

---

* "a corner of the world"를 번역한 것으로, 시민단체 활동가들이 세계 전체가 아니라 세계의 작은 부분을 변화시키는 것에 집중하게 되었다는 의미이다. 문맥상 이 작은 부분은 "가정"을 지칭하는 것으로 보인다.

동쪽으로 (불균등하게) 확장되었던 하나의 이상인 성과주의적 개방사회로 재건되었다. 독일의 중산층 규모는 1980년대 당시 "3분의 2 사회"[21]를 구성한다고 논의되었다. 그 규모는 독일이 흐릿해진 칼라 구별*에 자긍심을 느낄 수 있을 정도로, 육체노동자들까지 포함한 그들의 생활수준이 높게 나타난다는 점으로 인해 신뢰를 얻었다.[22]

인류학자들은 이 틀에 활기를 불어넣는 이데올로기에 대해 분석했다. 더글라스 홈즈(Douglas Holmes)는 물가상승률을 계속 낮게 유지하여 가격 안정성을 확보하려는 독일 중앙은행의 노력을 살펴보았다. 은행 관계자들은 이러한 목표를 예산, 고용, 금리에 대한 지침으로 변환하였다. 그들은 "국민의 기대와 국익을 일치시켜서, 독일 국가 및 미래를 관리할 수 있는 독일의 역량에 관해 말하는 거시적인 이야기"[23]에 기초해 독일 통화의 건전성을 위협할 수 있는 임금 및 가격 조정 시도에 반대하였다. 에드워드 피셔(Edward Fischer)는 중산층 구매자로 분류한 사람들 사이에서 나타나는 일치된 이해관계를 추적했다. 그는 유기농 달걀과 그 밖의 "윤리적 제품"에 더 높은 가격을 지불함으로써, 사

---

* 직종에 따른 구분을 말한다. 사무직 노동자를 지칭하는 화이트칼라와 육체노동자를 지칭하는 블루칼라로 구분된다.

회, 동물, 그리고 환경에 대한 개인적 책임을 지려는 그들의 자세에서 그러한 이해관계가 드러난다고 보았다.[24]

달걀은 내 연구에도 등장하는데, 나는 부유하지 않은 독일인, 더 자세히 말하면 재정 관련 상담을 받기 위해 모인 미혼모 집단을 연구한 적이 있다. 재정상담가는 독일의 사회보험이 그들에게 부여한 권리를 높이 평가했지만, 그러면서도 그들의 의무를 상기시켰다. 본론으로 들어가기 위해, 그 재정상담가는 바이에른(Bavarian) 주에 사는 미망인이 된 그의 이모에 관해 이야기했다. 힐데가르트(Hildegard) 이모는 일을 한 적이 없었고, 그의 남편은 수익사업에 돈을 투자했다. 그런데 투자 수익은 생기지 않았고, 힐데가르트 이모는 경제적 어려움을 겪게 되었다. 그의 남편은 가끔씩만 일하는 알코올 중독자였다. 그때부터 그도 일을 해야 했고, 공적연금에 돈을 내게 되었다. 자, 그렇다면 누가 힐데가르트 이모에게 매달 24개의 계란을 보내주게 되었을까? 다름 아닌 그 자신, 즉 돈을 벌면서 그가 낸 자랑스러운 퇴직연금이었다. 재정상담가는 그 미혼모들에게 가족이나 금융시장에 대한 의존을 경고하면서, 다음과 같이 말하였다. "할 수 있다면 빨리 직장으로 돌아가 연금을 내십시오."

독일에서는 투자자에 대한 안전 보장 약속이 제도적으로 정해져 있지만, 정치적 합의는 요구된다. 가능한 한 많이 일하고, 저축 관리를 국가 경제에 맡기고, 그에 대한 과도한 요구를 하지 않고, 도덕적으로 마음에 드는 상품에 돈을 지불해야 하는 것이다. 그러한 투자 기조는 대다수가 기대한 만큼의 투자 결실을 맺지 못했기 때문에, 이제 더욱 강력히 표명되어야 한다. 독일에서의 노동은 점점 불안정해지고 보상이 줄어들고 있으며, 독일인들에게 익숙해진 생활수준은 유지하기가 점점 더 어려워지고, 연금 수령은 위협을 받고 있는 반면, 빈곤과 불만은 증가하고 있다. 재정상담에 대한 나의 가장 최근의 연구는 그 이후의 정치적·도덕적 동요를 추적하였다.

　　재정에 대한 고객층의 안일한 태도를 보게 되었을 때, 나는 재정상담가들이 자녀에 대한 사람들의 책임감과, 더 일반적으로는 가족의 가치에 대한 책임감을 되풀이해서 말할 것임을 알 수 있었다. 그들은 부모들에게 자녀들에게 돈 관리하는 방법을 가르치기 위해 용돈을 줄 것을 권했고, 자녀별로 장기저축 계좌를 개설해 자녀들의 과도한 요구를 뿌리치라고 조언했다. 그들은 부동산 투자가 가족에게 장기적인 안정을 가져다주고, 최종적으로는 좋은 유산이 될 것이라는 원칙하에서 부동산 투자를 적극 지지했다. 그리고 그들은 다 큰 자식들에게 짐이 되지 않도록, 모든 사람들이 그들의 빚을 갚고 노후를 위해 충분히 저축할 것을 권고했다.

　　재정상담가들은 또한 개인적 책임감을 중시했다. 독일에서 공론화된 이러한 도덕은 열심히 일하고, 철두철미하게 저축하고, 소비에 대해 꼼꼼하고, 만기까지 갚을 수 있는 대출만 받고, 균형 잡힌 예산을 유지하고, 미래를 위한 대비를 하는 것으로 구성되어 있다. 자기 절제가 부족한 것은 시장의 개입을 통해, 예를 들어 급여로부터의 자동 공제, 승인된 방식으로 투자한 돈에 대한 세금 감면, 내구재산에 대한 실현 가능한 상환 약정 수립 등과 같은 방식을 통해 고쳐질 것이다. 만약 자신의 돈이 이미 더 큰 이득을 위해 저당 잡혀 있다면, 불필요하게 돈을 쓸 수 없을 것이기 때문이었다.

　　그러한 책임감은 독일의 긴축재정과 조응한다. 정치 및 경제 지도자들이 시민권의 중추로 제시하는 그러한 책임감은 대개 그리스와 같은 부채 국가들의 도덕적 결점과 대조된다. 그러나 독일 저축자들이 저금리로 인해 저축한 돈을 손해보고 있으며, 연금저축이 은퇴 후 생활수준을 유지하기에 충분하지 않을 것이라는 경고를 받고 있기 때문에 이러한 도덕은 압박을 받고 있다. 책임감 있게 저축을 하면서 은행과 사회보험이 그 저축의 가치를 보호하는 데 익숙한 많은 독일인들은 이러한 방식이 지속될 것이라고 가정한다. 그들은 위험한 금융상품의 소비자로만 취급되는 것에

별로 흥분하지 않고 있다.

　재정상담가들은 경제적으로 취약한 사람들에게 사회보장 혜택을 상기시키고, 그들에게 책임감 있게 일하고 저축하도록 촉구하며, 과도한 지출과 부채를 경계하라고 경고한다. 그들은 더 많은 자원을 가진 사람들이 이익을 창출하기 위해 어떻게 그들의 금융자산을 활용해야 하는지를 가르치는데, 가령 부동산에 투자하거나, 수익이 물가상승률을 능가할 수 있는 다양한 글로벌 주식이나 인덱스 펀드에 투자하도록 지시한다. 그들은 종종 지난 반세기 동안의 주식 성장을 보여주는 그래프를 제시한다. 이 그래프에서, 극적인 경제적 사건과 경제적 부침은 소소한 비약과 침체를 유발하고, 이러한 침체는 일반적인 상승 추세에 의해 빠르게 완화된다. 전쟁, 선거 결과, 위기, 그리고 자연재해는 오직 단기 변동성의 원인으로만 특징지어진다.

　고객층과 재정상담을 받는 사람들은 이러한 상품이 가져올 정치적·도덕적 영향에 대해 우려를 표하지만, 그들의 우려는 금융화에 따른 새로운 투자 기조 범위에 포함된다. 장기저축에 관한 한 세미나에서, 한 재정상담가는 시간이 지남에 따라 주식의 가치가 얼마나 증가했는가를 보여주는 슬라이드를 제시했다. 참석자들이 윤리와 생태에 대해 이야기하자, 그 재정상담가는 "깨끗한" 기업에 투자하는 몇 가지 금융상품들을 거론했고, 그러면서도 그 상품들이 동일한 시장의 일부임을 상기시켰다. 화면을 가리키면서, 그 재정상담가는 다음과 같이 조언했다. "다시 살펴보면, 변동성에도 불구하고 선이 올라간다는 것을 알 수 있습니다. 이는 경제가 성장한다는 것을 반영하는 것이지요. 이런 추세가 마음에 들지 않을 수도 있지만, 이것이 우리에게 주어진 유일한 경제입니다. 우리가 할 수 있는 유일한 선택은 이 경제에 참여하는 것입니다." 독일 소비자들에게 주어진 유일한 합리적인 선택인 시장에의 참여는 시의적절하게 분출된 그들의 불만을 누그러뜨린다.[25] 그들의 국내시장은 자발적인 긴축재정의 대가로 그들에게 약간의 보호제도를 제공하지만, 세계 금융은 그들의 우려를 축적을 촉진하는 상품 및 전략과 연결시킨다.

보호정책이 약한 국가에서는 대안이 훨씬 더 제한적이다. 이스라엘은 공공 안전망과 노동 및 퇴직 소득에 대한 지원이 독일에 비해 매우 빈약하지만, 생활비는 더 높다. 노동자들에게 가해진 이러한 압박은 2011년 여름에 발발한 정치적 봉기와 함께 절정에 이르렀다. 국가 안보가 거의 항상 중심이 되는 나라에서, 경제적 어려움에 맞선 대중 동원은 숨막히는 드라마를 연출했다. 하지만 언론 지지의 역풍으로 촉발된 그 시위의 규모와 수위에도 불구하고, 그리고 시위자들의 불만 해결을 책임질 위원회를 조속히 구성하는 것에 주류 정치인과 정부가 초기에 동의했음에도 불구하고, 이스라엘의 생활비는 낮아지지 않았다. 특히 시위의 주요 원인인 주택가격은 계속 오르고 있으며, 주택 구매자들에게 수십 년간 갚아야 할 빚을 떠안기고 있다.

사회학자 지브 로젠헥(Zeev Rosenhek)과 마이클 샬레브(Michael Shalev)는 이 시위가 중산층의 쇠퇴를 반영한다고 해석하였다. 즉, 이스라엘 경제자유화의 혜택을 받은 부모를 둔 청년들의 삶의 기회가 잠식되고 있다는 것을 이 시위가 보여준다는 것이다.[26] 이스라엘은 처음부터 산업 부문과 은행 시스템을 포함한 광범위한 관료 및 전문기구의 건설을 감독하여 이스라엘의 노장 집단, 즉 아슈케나즈 유대인(Ashkenazi Jewish)*이 취업 시장에서 우위를 확보하고 자원을 축적할 수 있도록 하였다. 복지정책과 보조금은 그들이 학위를 취득하고, 상대적으로 높은 보수를 받는 직장에 들어가고, 집을 사는 데 도움을 주었다. 그러나 최근 수십 년

---

* 아슈케나짐 혹은 아슈케나즈 유대인이라고 불리는 이들은 유럽에 정착한 유대인들을 지칭하는 표현으로 세파르딤, 미즈라힘과 함께 유대인 혈통의 주류를 이룬다. 제2차 세계대전 이전까지는 전 세계 유대인 가운데 90% 가까이를 차지할 만큼 절대 다수였으나, 홀로코스트로 인하여 그 수가 크게 줄어들었다. 현재는 인구가 1,000만에서 1,120만 명 정도로 추산되며 미국에 500~600만 명 정도, 이스라엘에 280만 명 정도 거주하는 것으로 집계되고 있다.

동안에 진행된 노동 가치 저하와 공공자원의 지원 중단으로, 그들의 자녀는 같은 이익을 얻는 것이 매우 어려워졌다. 시위에서 그들은 자신들의 요구사항을 사회 정의와 국익의 측면에서 명시하였다. 그러나 로젠헥과 샬레브에 따르면, 이스라엘의 상당수 사람들은 이 시위자들이 가진 부모로부터 받은 유산과 인적 자본이 부족했기 때문에, 투자 가치를 높이고자 하는 그 시위자들의 욕구를 공유할 수 없었다.

시위가 진정되고, 주택비용을 낮추는 데 실패했다는 것이 명백해졌을 때, 나는 연구에 착수했다. 주택시장 전문가들을 인터뷰했고, 주택담보대출 거래에 참여했고, 주택구입자 모임에 참석했으며, 집을 구하는 청년들을 만나 이야기를 나누었다. 그러면서 내가 발견한 것은 시위자들과 그 동조자들이 매우 시급하게 그들의 미래를 보호하려 한다는 것이었다. 공적 담론에서 그들은 주택담보대출로 집을 살 수 있는 그 하나의 능력 때문에 "중산층"으로 분류되었다. 그들은 부동산에 투자했기 때문에 자신들이 처한 곤경을 시장을 통해 해결하고자 하였다. 그들은 이스라엘에서 암암리에 중산층[27]으로 통하는 노동을 하고 세금을 내는 퇴역군인이 혜택을 받는 것이 아닌 한에서, 다른 지역주민들보다 한 지역주민이 혜택을 받을 수 있는 정치적 개입을 불신했다.

이스라엘의 임대시장은 사실상 규제를 받지 않고 있

다. 자녀에게 어느 정도 안정감을 주고 싶은 사람이더라도, 집주인이 임대료를 올리거나 집을 팔기로 결정하는 2년마다 새 아파트로 이사하기는 힘들다. 그러므로 집을 사는 것이 가장 중요해진다. 처음 집을 사는 사람들은 저축이 적고 급여가 빠듯하기 때문에, 최소한의 월 상환금을 내면서 가장 많은 금액을 대출받을 수 있는 상품을 찾아야 한다. 이러한 상품은 수십 년에 걸쳐 이자 및 수수료가 붙기 때문에, 결국에는 가장 비싼 대출이 된다. 그럼에도 불구하고, 사람들은 언론을 통해 전달된 청년들의 모습에, 즉 가격 상승을 기대하며 약삭빠르게 부동산에 투자하는 그들의 이미지에 쉽게 설득된다. 이는 30년 만기 주택담보대출로 구입한 주택의 과도한 비용이 마치 정당한 것처럼 보이게 만들면서, 주택 구매자들이 사실상 중년까지 투자자로 기능하도록 강요한다. 개인적 선택으로서의 필요를 중요한 것으로 보이게 만듦으로써, 경제 감각이 거의 없이 이루어지는 지출을 긍정적으로 해석한다.

자택 소유는 다른 사람의 호주머니에 들어가는 임대료보다 더 값어치가 있다. 나와 이야기를 나눈, 임대 시장을 어느 정도 경험한 첫 주택 구매자들은 모두 이 말을 빼놓지 않고 했다. 그들은 같은 액수라도 다른 사람에게 주기보다는 그들이 지닌 무언가에 투자하는 것이 낫다고 생각했다.

그들은 주택담보대출이 전액 상환된 이후에 최종적으로 집을 사는 데 얼마나 돈이 들어간 것인지 계산하지 않았고, 자택의 시장 가치가 얼마나 되는지도 알아보지 않았다. "오늘 내 아파트를 판다면, 대신 어떤 아파트를 살 수 있을까요?" 이는 내 질문에 대한 그들의 가장 일반적인 대응이었다. 대신에, 그들은 자기 집에 사는 것에서 얻는 상대적 이익을 고려했다. 집주인과 세입자의 사회에서 이루어지는 자택을 소유하기 위한 고군분투에서는, 지나치게 높은 가격이란 존재하지 않았다. 오늘날과 같이 지나치게 높은 가격이 매겨진 주택은 내일이면 손에 닿지 않을 수도 있기 때문에, 그들은 가능한 한 빨리 부동산 사다리의 첫 단에 오르려고 애를 썼다.

삶의 기회가 잠식당하는 이스라엘 청년들의 곤경은, 즉 생활비와 주택가격에 대항하기 위해 모인 바로 그 사람들의 곤경은 사실상 가정 간의 경쟁으로 전락하였다. 각 가정의 후세대들은 이제 그들의 이익을 유지하고 재생산하기 위해 재원을 모은다. 부모는 다 큰 자녀의 집 구입을 돕기 위해 그들이 가진 재원으로 담보대출을 받는다. 청년들은 자녀를 위해 은행 대출을 받는 부모의 이런 도움을 활용한다. 가족을 위해 이러한 종류의 안정을 구축해야 한다는 긴급함 속에서, 그들은 각자가 아닌 그들 모두의 공동의 불만

(common grievance)을 우선시할 수 없게 된다.

대신에, 그들은 서로 자신이 산 집의 가격을 높여줄 수 있는 만족스러운 이웃으로, 그리고 자기보다 앞선 주택 매입은 주택가격을 끌어올려 골칫거리가 되지만, 자기 이후의 주택 매입은 주택가격을 부풀리는 데 도움이 되는 같은 처지의 동지로서, 그리고 임대료를 땅에 버려지는 돈이라고 여기는 집주인 동료로서 관계를 맺는다. 어쩔 수 없이 그들은 장기대출을 통해 그들의 투자를 강화하는 은행과, 그리고 그들이 매입한 것과 부모 및 스승이 그들의 미래에 투자한 것의 가치를 보호할 책임이 있는 정부기관과 협력하게 된다. 이렇게 교차하는 경쟁과 협력은 지속적인 정치적 투쟁을 거의 불가능하게 만드는 사회적 분열을 발생시킨다.

이 장에서 내가 말한 이야기들은, 투자 주도적인 자기 결정이라는 중산층 이데올로기에 동의하는 사람들 사이에 널리 퍼져 있는 정치와 가치의 자멸적 특성을 보여주기 위한 것이다. 자본주의는 비시장적 생계수단으로부터 노동자들을 분리시켜 일자리, 주택, 교육과 같은 필수적인 것들을 두고 서로 경쟁하게 만든다. 이 체제는 높은 수익률을 유지하기 위해 이러한 자원을 부족하게 유지하는 동시에, 노동자들이 그들이 가진 것을 보존하고 더 많은 것을 얻기 위해 이기적인 방식으로 행동하도록 강요한다. 동시에, 자본주의는 그들에게 개인의 자유라는 감각을 불어넣는데, 이는 그들에게 장려한 투자에 의해 강화된다.

투자에 참여한 노동자들은 이러한 자유로부터 힘을 얻지만, 무시하기에는 너무나 명백한 불평등에 맞닥뜨리고 만다. 이러한 불평등은 일상의 고역을 넘어설 수 있는 수단을 지닌 사람들의 대응을 이끌어낸다. 그러나 그들이 지닌 가치는 무기력하고, 그들의 정치는 물질적 압박 및 인센티브와 얽히면서 방해를 받고 있다. 모두를 위한 양질의 삶을 보장하기 위해서든, 아니면 자신의 투자를 보호하기 위해서든, 그들의 단체행동은 집단의 취약성과 불이익을 재생산하는 결과를 초래하고 만다. 불안정이 보편화되고 경쟁의 압박이 커짐에도 불구하고, 이러한 단체행동과 그때 추구되는 가치는 더욱 그럴듯해 보인다. 그러므로 막스 호르크하이머로 돌아가서 얘기해보면, "이러한 도덕의 극복은 더 나은 도덕을 내세우는 것에 있는 것이 아니라, 그것의 존재 이유가 없어지는 조건을 만듦으로써 달성된다."[28]

맺음말

우리의 행위는 언제나 우리가 의도한 의미를 지니지
는 않는다. 우리는 그 행위들을 자유로우며 결과적인 것으
로 생각하고 싶어 하지만, 우리가 그런 행위를 할 때 고려하
는 것들은 행위의 실제적인 반향 못지않게 우리 자신의 생
각과는 상충되는 방향성과 동학에 의해 지배되는 구조들 속
에서 규정된다. 제도, 관행, 신념 사이의 연관성을 검토하면
서 인류학은 우리가 그것들 사이의 불일치를 의식하게 해주
고, 각각이 어떻게 관련되는지를 추적할 수 있게 해준다. 이
러한 접근법은 특히 중산층이라고 일컬어지는 집단을 연구
하는 데 적합하다. 그 명칭은 노동을 통해서뿐만 아니라 다
른 영역들에서의 자발적인 희생으로 축적에 기여하는 노동
자들을 자본주의의 주역으로 정의한다. 욕구를 즉각 충족시

키는 데 필요한 것보다 더 많은 시간과 노력, 물질적 자원들을 투자하고, 미래의 복리를 위해 그렇게 하면서, 노동자들은 자기 결정적 행위자로 지칭된다. 이것은 그들의 투자가 외부의 압박에 응한 것이라 해도 통용되며, 투자 결과가 그들이 성취하려 했던 목표를 약화시킨다 해도 통용된다.

그러한 역설은 비판적 이론의 선구자를 자극하였는데, 헝가리 철학자 죄르지 루카치(György Lukács)가 1923년에 쓴 획기적인 논문, "물상화와 프롤레타리아트의 의식"이 그에 해당한다.[*] 이 글의 목적은 프롤레타리아트 혁명의 기회를 밝혀내는 것이었으나, 루카치는 부르주아지의 사상과 문화를 해부하는 데 더욱 심혈을 기울였다. 그는 사람들에게 독립적 생계수단이나 공동의 생계수단을 허용하지 않는 제도인 자본주의에 대한 마르크스의 분석에 의지했다. 자본주의는 사람들의 필요와 욕구를 충족시키기 위해서가 아니라, 시장 중재적인 노동과 소비를 통해 가계를 유지하려는 사람들의 노력을 규제하여 축적을 강화하는 제도이다. 일상적인 교환에서 사람들의 생각은 물건의 가치가 사회적으로 결정되는 방식에 의해 지도된다. 이 가치는 사람들이 추

---

[*] 죄르지 루카치, 『역사와 계급의식』, 조만영 · 박정호 옮김, 지만지, 2015.

구하는 상품과 서비스를 생산하는 데 필요한 평균 노동시간에 의해 결정된다. 이 상품들의 가치 결정에 고려되는 변수들은 노동과 투자, 그리고 그것을 가능하게 하는 기술, 그것을 지지하거나 또는 저지하는 정치가 결합하여 생산성의 기준을 재구성할 때, 영속적으로 재조정된다. 그러므로 자본주의에서 일상적인 것은 잉여가치의 축적을 목적으로 한 전 지구적 생산과정 속에서 상호 조정하는 영향력들의 구도(constellation)이다. 그것은 루카치가 총체성(totality)이라 부르는 것을 구성하기 위해서 모든 정치적, 경제적, 법적, 사회적 제도들을 결합시킨다.

이 총체성은 자본주의가 모든 사람들에게 강요하는 행동 방식, 즉 사람들이 자신의 일상생활의 좁은 범위 속에 고립되고, 자신의 행위 속에서 일상적인 압박과 인센티브를 마주하게끔 하는 무매개성(immediacy)*과 극명한 대립을 이룬다. 학자들 역시 무매개성에 갇혀 그 관점에서 이론을 만들 수밖에 없게 된다. 그러므로 그들의 관찰은 단지 총체성의 단편들에 대한 접근만을 허락한다. 그럼에도 불구하고 학자들은 이 단편들의 외관을 마치 그것들이 독립적으로 실

---

* 루카치의 무매개성 개념의 핵심은 자본주의 체제에서 그 체제가 사람들에게 강요하는 행동양식을 비판적으로 인식하지 못하고 그것을 원래 자연스러운 것으로 인식하는 것을 말한다.

재하며 보편적으로 중요한 듯이 만드는 경향이 있다. 루카
치는 근대의 존재론과 윤리학, 그리고 미학의 토대를 무매
개성의 덫에 빠진 사고방식의 전형이라고 분석했다. 세련된
일반화들은 자본주의 특유의 제도와 사고방식, 관계에 대해
순수하고 단순한 실재의 모습을 부여한다.

　　루카치는 개인의 생각과 행위의 파편화된 위치는 총
체성에 비해 순응을 초래한다고 주장하였다. 사람들은 자
신의 주변 환경을 필연적으로 그렇게 존재한다고 생각한다.
사람들은 그들의 주의를 끄는 구조 안에서 전문성을 갖추
고 전략을 세우기 위해 에너지를 비축하며, 집중적인 활동
을 통해 그 구조를 영속화한다. 사람들은 자신의 행위의 가
능성과 그 영향을 예측하고 설계하는데, 그들의 계산과 맞
지 않는 것은 특이성이자 오차의 원인이라고 규정한다. 사
람들은 자신의 사회적 위치가 제공하는 기회들을 이용하며,
이 기회들을 자신의 목표를 보완한다는 관점에서 본다. 자
신이 발견한 사실들에 매료되어, 결국에는 도덕적 가치들조
차 형식주의, 공정주의, 실용주의를 따라 정적주의적*으로
실체화된다.

　　루카치는 이를 부르주아 사이에 가장 깊게 자리 잡

---

* 상황을 바꾸려 하지 않고 묵묵히 그대로를 받아들이는 자세를 일컫는다.

210

은 사고방식이라고 여기는데, 왜냐하면 부르주아의 미래는 그들의 사익 추구에 매여 있기 때문이다. 이익 추구는 축적을 지속시키는 물질적 한계와 인센티브를 내면화한 것으로 묘사될 수 있다. 그것은 사람들이 맡은 특정한 역할 속에 포함된 보상에 대한 지향으로 표현된다. 자신의 이해관계를 인지하고 있는 사람들은 자신의 위치에 수반되는 기회들을 이용할 준비가 되어 있으며, 자신을 후퇴시키려 위협하는 행위들을 피할 준비가 되어 있다. 만일 그들이 얻는 이익이 그들이 한 노력에 비례한다면, 그들의 자산은 오로지 그들 자신의 이익을 추구하는 데서 나오는 것처럼 보일 것이다. 총체성 속에서 사람들의 위치는 그들의 투자를 실현시키고 그럴싸한 결과를 만들어내는 조건들을 좌우한다. 그러나 이익 추구에 몰두하는 것은 이익의 정도 차이와 그를 둘러싼 혼란한 상황 속에서 총체성을 모호하게 만든다. 이익 추구에 대한 보상과 그렇게 하지 않을 때의 불이익은 진행 중인 투자를 고무한다. 보상과 불이익은 또한 투자자들에게 주체 의식 및 자기 통제 의식(a sense of agency and control)을 부여한다. 루카치가 말한 바와 같이, 부르주아는 사익 추구에 갇혀 있기 때문에 자신의 삶을 지휘하고 있다는 환상을 품는다.[2]

　　루카치는 프롤레타리아트를 염두에 두고 글을 썼으

며, 노동자들이 착취의 근원을 발견하면 그에 저항할 것이라고 믿었다. 그는 부르주아에게는 이익 추구에 대한 유혹이 있기 때문에 이것이 불가능하다고 여겼다. 부르주아는 자신의 이익을 추구할 수 있는 특권적 기회를 누렸으며, 성공적으로 거둔 이익을 반추하면서 만족감을 느꼈다. 따라서 그들의 토대를 의식하는 것은 부르주아에게는 자살에 버금가는 것이었는데, 그들은 사익 추구를 따라 하나의 계급으로 뭉쳤기 때문이다. 따라서 루카치에게는 사회민주주의가 큰 문제였다. 그는 사회민주주의가 가진 노동자와 부르주아 사이의 공통된 이익을 구축할 수 있는 능력과, 사회의 가장 비타협적인 부류까지도 자본주의의 집단 내부로 끌어들이는 능력을 두려워했다. 실제로 그랬듯이, 사회민주주의는 프롤레타리아와 부르주아를 구분하는 오래된 분류를 망라하는 광범위한 중산층 이데올로기의 주요한 전파자가 되었다.

이 책에서 나는 루카치를 사로잡았던 주제들을 다른 방식으로 다시 논의해보았다. 나는 중산층이 투자 주도적인 자기 결정이라는 이데올로기이며, 모든 것을 자신의 욕구를 즉각적으로 충족하는 데 써버리기보다는 자신의 미래를 위해서 가외의 노동과 시간, 기타 자원을 투자하라는 의미로 노동자들에게 부과되고 그들에 의해 넓게 수용된 이데올로기라는 사실을 제시했다. 그 이데올로기는 그것이 제안하는 자기 결정적 방식으로 이루어지는 투자를 긍정하지 않으면서도, 사람들의 투자로 운용되는 자본주의 시스템에 의해서 발생하고 그에 봉사한다. 이는 자본주의가 총체적으로 이러한 투자에 대해 충분히 보상받지 못하고, 엄청난 값을 치르지 않고서는 투자에서 손을 뗄 수도 없으며, 또 이 추출 과정이 강요하는 소외와 경쟁을 초월하는 방식으로는 자신의 삶을 이끌어나갈 수 없는 사람들로부터 더 많은 물리적·물질적 자원들을 끌어내는 축적 과정을 통해 스스로를 재생산하기 때문이다.

이러한 주장을 확고히 하기 위해서, 나는 중산층 이데올로기와 관련되어 있는 제도 가운데 일부를 자세히 살펴보았고, 그 제도들이 고취하는 관행 속에 있는 모순을 강조하였다. 개인적으로 소유한 집, 저축계좌, 주식과 채권, 보험, 그리고 유·무형의 자산들을 폭넓게 포함하는 것으로 이해되는 재산에 관해 살펴보았다. 나의 목적은 우리의 소유욕을 충족시키고 투자의 가치를 저장하는 보편적 수단이라 여겨지는 것들이, 사실은 우리의 노동 가치가 완전히 보상받지 못하는 한 우리에게 착취를 받아들이도록 강제하는 구조임을 보여주는 것이었다. 그리고 이러한 구조는 가치를 저장하고 강화하는 자원이라고 생각되는 것을 갖기 위해서,

우리가 다른 것을 준비하는 것보다 더 많이 투자하도록 장려한다는 사실을 보여주는 것이었다. 그런 다음 나는 문화적이고, 교육적이며, 전문적인 취향과 기술, 자격증과 네트워크를 포함하는 인적 자본을 살펴보았다. 나의 목적은 기술, 취향, 인맥을 반영하는 범주가 우리로 하여금 자신을 이전에 했던 투자에서 생겨난 개인적 역량을 지닌 투자자로 간주하게 만든다는 사실이었다. 인적 자본은 또한 우리가 낙오하기보다는 출세하는 데 필요한 이익을 만들고 그것을 유지하기 위해서 우리가 투자를 절대 멈추지 않게끔 우리를 자극하도록 고안되었다. 그러면서 나는 인적 자본이 가족 유대에 가하는 압박 또한 추적했다. 그런 이후, 중산층과 관련된 정치에 대해 살펴보았다. 나의 목적은 경쟁적인 투자가 그것이 달성하고자 하는 목표를 훼손하는 몇 가지 방식을 설명하는 것이었다. 이 분석의 일환으로, 나는 우리의 자유와 주체의식을 주장하기 위해 우리의 정치적 힘이 축소된 것과 같이, 사심 없고, 보편적이고, 소소하게 변해버린 가치들에 대해 살펴보았다.

　　이 연구들을 관통하는 것은 투자이며, 이것이 중산층 이데올로기의 핵심이다. 오늘날 금융 부문을 대변하는 이들은 아주 목청껏 투자를 홍보한다. 인플레이션으로 인해 그 가치가 잠식되는 은행 계좌에 돈을 넣어둬서 손해를 보지 말고, 그 돈을 글로벌 금융에 투자하고, 이윤을 위해 위기를 이용하고, 시장의 변동 흐름을 타기 위해 투자를 다양화하는 영리한 금융 행위자가 되어야 한다고 말한다. 투자는 또한 우리가 다양한 관계와 선택을 명확히 표현하는 하나의 비유로서 일상 언어에 퍼져 있다. 전 세계 사람들이 투자자로서 전략을 짜도록 장려되기 때문에, 그리고 실제로 우리가 교육이나 기술 습득, 사회화와 같은 비금융적인 행위도 투자라고 여기기 때문에, 투자는 사회적으로나 현실적으로나 우리의 상상력을 사로잡는다.

투자는 즉시 그 결실을 소비하는 것에 비해 더 많은 현재의 노동과 시간, 돈, 또는 여타의 감정적 자원들이 박탈당하는 것이라고 여겨질 수 있다. 투자는 이에 대한 등가물이 미래에 회수될 것이라는 기대로 인해 동기화된다. 기대되는 보상이 투자된 것과 동일한 가치이거나 또는 투자된 가치에 의해 성장한 추가 가치가 포함되는 한에서만, 역효과를 가져올 위험을 감수하기 위해 투자는 다양한 형태를 취할 수 있다. 이러한 보수적인 추정치와 연관을 지으면서, 투자는 지속성과 일관성, 그리고 예측가능성을 가정한다. 즉, 현재 행위들을 미래의 결과에 연결시킨다. 투자는 가치가 물건, 저축예금, 자격증, 사회관계들을 통해서 동등한 가치나 혹은 더 큰 가치를 향해 움직이는 일련의 흐름을 제시한다. 그리고 투자의 종국에 이르러 실현되는 가치는 처음에 그 과정을 굴러가게 만들었던 노력과 주도력의, 즉 개인적 능력의 결과라고 여겨진다. 더욱이, 그것은 투자된 재산이나 인적 자본, 또는 사회관계들이 영속적이라고 암시한다. 역으로, 그것들의 영속성은 투자된 가치를 저장할 수 있게 해주고, 그 가치가 마음대로 등가물로 바뀔 수 있게 해주는 상대적으로 안정된 시스템에 그러한 재산이나 인적 자본, 사회관계들이 뿌리를 두고 있는가에 의해 결정된다.[3]

그렇게 이해하면, 투자는 금융의 지배하에서, 그리고 가족, 사회, 정치제도들의 재생산 속에 그러한 지배가 파고든 상황하에서 안전하게 지켜질 수 없다. 금융화는 가치와 그 저장소, 그리고 그것들을 재구성하는 시장의 힘을 너무 불안정하게 해서 투자에 대한 예측할 수 있는 결과를 산출할 수 없게 만들거나 또는 언제나 등가물로 변환될 수는 없게 만든다. 새로운 금융 제도들은 전문 투자자들이 자산 가치가 오르건 내리건 간에 이윤을 낼 수 있게 해주며, 시장의 변동성을 심화하고, 가치의 저장소 역할을 하려는 재산과 자산의 능력을 약화시킨다. 동시에 신용카드, 학자금, 주택담보대출, 공제액 및 할부는 모든 사람이 지금 당장 투자 대상을 누릴 수 있게 해주면서 동시에 미래에 그것들에 대해 지불하도록 약속을 얻어내거나, 또는 사람들이 단지 일부만 소유하거나 완전히 보유할 수 없을 것들에 대해 조금씩 갚아나가도록 약속을 얻어내면서 실질적으로 투자와 그 결과를 붕괴시킨다.

투자의 개념은 미래에 대한 계획이라는 생각과 비슷하다. [1950년대의 프랑코 모딜리아니(Franco Modigliani)와 리차드 브룸버그(Richard Brumberg)부터 그 이후의 많은 발전된 논의들에 이르기까지] 경제학자들은 통상적인 생애주기를 염두에 두고 저축, 소비, 투자에 관한 예측과 합리적 행동 방식을 제시하는 모형을 만들었다. 성인기에는 노동소득이 점진적으로 증가할 것이라는 기대와, 은퇴를 하면서 그것이 끊길 것이라는 예상 속에서, 이 모형들은 우리가 젊었을 때 교육 및 기술 습득에 돈을 투자하고, 성인 노동자일 때는 자신의 소득을 집과 연금에 비축하며, 또 은퇴해야 할 때에는 그렇게 비축해둔 것들을 소비하게 함으로써 우리가 생활수준을 유지하거나 개선하려는 노력을 기울이게 만들었다.

제2차 세계대전 직후, 부유한 국가들에서는 국민경제의 위험 공동 관리체계와 다른 규제정책들이 잠깐 동안은 이런 종류의 계획에 어느 정도 타당성을 부여했다. 하지만 현재의 노동소득과 투자 결과의 예측불가능성으로 인해 (혹은 각각의 예측불가능성이 불안정이나 변동성으로 얼버무려지기 때문에) 생애주기 계획은 안정적으로 수립될 수 없다. 그럼에도 불구하고, 생애주기 계획은 삶의 이정표가 투자의 관점에서 재구성되는 중산층 이데올로기의 맥락 속에서 계속 영향력을 행사한다. 생애주기 계획은 혼인과 출산, 육아를 비롯하여 교육, 자택 소유, 직업, 연금저축에도 적용되며, 사회적 관계를 유지하고 발전시키는 데에도 적용된다. 그것들에 투자한다는 것은 중산층의 통과의례이자 성년, 가족생활, 사회생활, 은퇴의 규범적 특성으로 여겨진다.

투자는 우리의 저축, (집과 같은) 물질적 자산, 혹은 (학위와 같은) 비물질적 자산의 가치가 신용 거래나 할부 또는 보험공제를 통해 구입되기는 하지만, 그 가치는 어떻게든 보존되며, 우리가 필요로 할 때마다 접근할 수 있는 것처럼 보이게 만든다. 투자는 무엇보다 자산을 우선시하는데, 이는 자신이 자산을 결정한다고 생각할 수 있게 만드는 투자의 공통된 전략이다. 투자는 우리에게 미래지향적인 행위자의 역할을 맡기는데, 우리가 가진 자원을 기꺼이 영구적인 저장소에 보관하거나, 그 자원의 가치를 보존하거나 키울 책임이 있는 은행이나 다른 금융 중개기관에 우리의 자원을 맡기도록 한다. 하지만 실제로는 그 기관들이 우리로부터 강제로 투자를 이끌어낸다. 우리가 스스로를 자기 결정적 투자자로 이해한다는 점에서, 우리는 자신도 모르게 잉여가치를 축적하는 세력 편에 선다. 이것은 우리가 노동과 투자의 감소한 가치에 대한 책임을 지면서, 가치가 완전히 보상되지 않는 노동에서 대부분의 수입을 얻는 한 그러하다.

　　중산층의 쇠퇴와 몰락에 관한 보고서에서 중산층의 해가 지고 있다는 것을 알아차리듯이, 마찬가지로 우리는 이 모순들 속에서 중산층의 관념적 중추라고 할 수 있는 투자가 황혼기에 이르렀다는 사실을 감지할 수 있다. 지불하고 있는 것보다 가치가 떨어지는 집을 담보대출로 소유하고 있는 사람들이나, 축적해온 인적 자본을 보상해주지 않는 고용 시장을 마주하고 있는 사람들은 왜 그만큼의 투자를 계속해야 하는지 자문할 수 있다. 폴 윌리스(Paul Willis)는 교실에서 재현되고 있는 사회적 전망에 관한 자신의 문화기술지 연구에서 비슷한 난제를 마주했다.[4]* 노동계급 아이들이 수업시간에 한 영어 대화를 묘사하면서, 그는 교육이 평평한 운동장을 내세움에도 불구하고, 이 아이들은 정규 교과 외 활동들로 인해 사회적 위치에 종속될 수밖에 없는 운명이라고 결론지었다. 그런 다음 중산층으로 분류되는 학생들이 보이는 순응주의에 관해 기술하였다. 아이들은 교육의 공식적인 목표에 투자해왔지만, 학교 당국을 지지하기 위해

---

* 폴 윌리스, 『학교와 계급재생산』, 김찬호 · 김영훈 옮김, 이매진, 2004.

자신의 자율성 일부를 희생했다. 윌리스는 이 아이들과 이 아이들이 자라서 될 사람들이 학교와 정부, 법률 기관, 경찰 관계자들에게 기대하는 것에서 한발 더 나아가서 의무를 초월해 규칙 자체를 유지하게 될 것이라고 보았다.

투자를 끌어내고, 가치를 보호하는 제도로부터 무엇인가를 얻는 사람들이 그 제도를 지지할 것이라는 사실은 자명하다. 내가 이 책에서 설명했듯이, 사유재산이나 인적 자본과 같은 제도는 자본 축적을 위해 인센티브를 통해 사적 자원들을 활용한다. 인센티브는 사익 추구로 내면화되는데, 이는 일시적이고 타인에 대한 상대적인 이익의 형태로만 보상되곤 하기 때문이다. 그러나 사람들의 노력이 보상되지 않을 때, 그리고 사람들의 이익이 제공되지 않거나 심지어는 손상될 때에도 사람들이 **과도하게** 투자하고 (보상을: 역자) 포기하는 것을 어떻게 설명할 수 있는가? 윌리스의 묘사는 이와 전혀 동떨어진 것이 아니다. 곧 우리들 중 다수는 이미 한 투자의 가치에 대해 의문을 품기보다는, 불충분한 보상과 역효과를 낳는 투자가 주는 형벌을 견디게 될 것이며, 사실상 그것들에 더욱 종속될 것이다. 이 책을 집필하게 했던 난제 가운데 하나가 중산층의 엄청난 과잉대표성이었음을 기억해보자. 이는 투자가 예상한 이익을 내지 못했을 때조차도, 더 많은 사람들이 공통의 기준을 따라 자신을 분류하기보다는 스스로를 중산층이라고 여기는 경향을 말한다.

그것이 이데올로기의 힘이라면, 그 힘은 아주 심층적으로 작동한다. 정신분석학의 아버지인 지그문트 프로이트(Sigmund Freud)가 사람들이 자신이 저질렀을지 모를 잘못에 비해 지나치게 죄의식과 수치심에 젖어드는 경향이 있다는 것을 알아차리고, 정신적 과잉(psychic excess)이 현대생활에 고질적인 것이라고 간주했을 만큼[5*] 그 힘은 심층적이다. 비판이론가 헤르베르트 마르쿠제(Herbert Marcuse)는 프로이트의 진단을 긍정하면서도, 그가 정신적 과잉의 원인을 오인하고 있다고 주장하였다.[6**] 정신적 과잉은 프로이트의 주장처럼 우리의 가장 내밀한 곳에 자리한 욕구와 문명사회의 요구 사이의 보편적인 충돌에서 생겨났다기보다는, 역사적으로 특수한 사회경제적 과잉을 모사한 것이라고 마르쿠제는 주장했다. 즉, 가치를 회수하기보다는 더 많은 가치를 생산하기 위해서 그 자체를 조정하도록 노동, 투자, 제도에 가해진 압박을 반영했다는 것이다. 마르쿠제에 따르면, 과잉은 잉여가치의 다른 말일 뿐이다. 자본주의적 축적이 생계를 위해 돈을 벌고, 가족을 먹여 살리고, 자산을 모으기 위

---

* 지크문트 프로이트, 『문명 속의 불만』, 김석희 옮김, 열린책들, 2020.
** 헤르베르트 마르쿠제, 『에로스와 문명 - 프로이트 이론의 철학적 연구』, 김인환 옮김, 나남출판, 2004.

해 필요하다고 강요하는 과도한 투자를 우리가 우리 정신 속에 깊이 반영하고 있는 한, 우리는 치유될 수 없다.

우리가 지나치게 많이 투자하고 그로 인해 우리의 투자를 끌어내는 구조와 제도들을 유지한다면, 우리는 본질적으로는 압박과 인센티브에 부응하는 것이다. 그리고 그 과정 속에서 우리가 투자 주도적인 자기 결정을 긍정한다면, 우리는 이 부응이 자유로운 선택이라고 미화하는 것이 될 것이다. 중산층에 암시되어 있는 자기 결정은 거짓이다. 우리가 인생을 계획하기 위해 아무리 노력해도, 우리의 관습과 관계를 조정하는 구조들은 우리의 욕구 충족과 꿈의 실현, 두려움 해소와는 상반되는 목표를 위해 나아가도록 설계된다. 그 목표들은 우리가 투자 가치를 보호하기 위해 임시적이고 수단적인 동맹을 맺게 하는 한편, 이익과 손실을 두고 서로 경쟁하게 만든다. 자본주의가 강요하는 경쟁은 자본주의를 넘어서기 위한 운동들 속에서 지속적이고 효율적으로 조직할 수 있는 힘을 우리에게서 앗아간다.

그러나 모순이 좌절의 원천이기만 한 것은 아니다. 모순은 우리가 분명하게 생각하도록 해주고, 겉모습에 덜 현혹되도록 해주며, 궁극적으로는 그 모순이 낳는 긴장을 진정한 변혁으로 이어질 수 있는 방식으로 조정하게끔 해준다. 모순은 우리의 성찰하는 힘을 자극하는 동시에 이 힘을 통해서 명확해진다. 우리는 우리가 속박된 구조의 명령에 아무런 생각도 없이 따르고, 우리 사회에 스며든 이데올로기에 아무런 의심도 없이 찬동할 만큼 아둔하지 않다. 순조롭게 진행되도록 설계된 구조 속에 마찰이 생기면서, 모순은 우리가 무엇을 해야 하며, 왜 그렇게 해야 하는지에 관해 비판적인 판단을 내리게끔 우리를 자극한다. 자기 결정이라는 관념에 대한 환멸은 실제로 자기 결정을 실현시킬 조건들을 만들어낼 기회가 된다. 우리가 사회구조와 제도를 우리의 결합된 의지와 힘에 더 잘 부응하는 것으로 바꾸어 낸다면, 우리는 자신의 삶을 진정으로 지배할 수 있다. 우리는 자신의 의도를 드러내 보이고, 힘을 키울 수 있는 사회로 나아가기 위해서 성찰하고, 비판하고, 또 집단적으로 행동할 수 있다. 왜냐하면 우리는 언제나 그래왔기 때문이다.

투자를 강요받는 시대, 과연 중산층은 존재하는가?

     바야흐로 투자 열풍의 시대다. 방영되는 TV 프로그램이나 신간 도서 목록을 훑어보면, 부동산과 주식 이야기가 주를 이루고, 그에 대한 정보와 조언이 봇물처럼 터져 나오고 있다. 지금의 열풍은 그야말로 투자가 여윳돈을 가진 사람들만의 전유물이 아니라, 미래를 대비하는 "합리적인" 사람이라면 누구나 해야 하는 필수적인 경제활동쯤으로 여겨지게 만들었다. 즉 투자가 경제관념을 재는 바로미터로 기능하게 된 것이다. 이는 일견 가계 재산을 늘릴 투자기회가 대중화한 것처럼 보일 수 있고, 그로 인해 재산 축적의 보편화가 이루어져 부의 불평등이 줄어들 것이라는 희망찬 전망이 나오기도 한다. 투자시장에 참여하는 사람이라면 누구나 이런 거시적 차원의 전망까지는 아니더라도, 최소한 자신의 경제 상태는 훨씬 호전될 것이라는 희망을 가질 것이다. 언젠가는 투자에 대한 보상이 이루어질 것이기 때문에, 지금보다는 나은 삶이 기다리고 있을 것이라고 말이다.

하다스 바이스의『중산층은 없다』는 이런 우리의 기대를 잔혹할 정도로 산산조각 낸다. 그는 우리가 사회구조적으로 투자를 강요받지만 이를 인식하지 못한 채 자발적인 자기 결정으로 투자한다고 착각하고, 이런 투자를 통해 어느 정도 자산을 지닌 중산층이 될 수 있을 것이라는 환상을 품는다고 지적한다. 자본주의 하에서 가계 재산을 획득할 가능성이 점차 커지자, 노동자들은 주택이나 주식, 보험, 학위, 전문자격증, 그 밖의 유·무형의 재산에 투자하지만, 그들의 자산 가치를 불안정하게 만드는 자본주의 시스템으로 인해 손해를 보거나 이를 메우기 위해 계속 투자할 수밖에 없다. 이런 끊임없는 투자로 인해 소위 중산층으로 일컬어지는 집단은 지속적인 불안정과 부채, 강박적인 과로에 시달릴 수밖에 없지만, 이러한 투자를 자신의 결정에 의한 선택으로 보게 만듦으로써 투자 손실의 책임을 개인에게 덧씌우는 것이 바로 자본주의 체제이며, 이를 가능케 하는 것이 바로 중산층 이데올로기이다.

저자가 강조하듯이, 우리가 겪는 불안정은 금융자본주의 하에서 더욱 격화될 수밖에 없다. 우리의 투자를 이끌어내기 위해 무수히 많은 신용 거래 수단이 발달했고, 이런 수단들을 통해 융자받은 돈을 다시 금융상품에 쏟아부음으로써 우리의 재산 가치는 금융시장의 변동과 결부되어 매우 유동적이고 불안정하게 된다. 이렇게 금융시장에 깊숙이 연루된 우리는 더 이상 우리를 불안정하게 만드는 현실의 체제를 비판적으로 인식하지 못하고, 도리어 보상받지 못할 투자를 이끌어내는 제도와 이해관계를 같이하게 된다. 극단적으로 표현하면, 우리는 착취를 당하면서 동시에 우리 자신을 착취하는 체제에 투자를 하게 되는 것이다. 자본주의는 노동자계급에 대한 노동력 착취로 잉여가치를 축적하는 생산체제이다. 그런데 저자가 날카롭게 분석하고 있듯이, 이 체제는 중산층 이데올로기를 통해 노동자들이 자기 결정적 투자자로 정체성을 스스로 확립하게 함으로써 자신의 노동력 착취에서 눈을 돌리게 만든다. 그리고 투자가 완전한 가치로 보상받는 것을 막는 것을 통해 재생산되면서, 손실의 책임을 자기 결정이라는 이데올로기를 통해 고스란히 투자자에게 떠넘긴다. "너의 자유로운 결정과 선택, 노력으로 투자를 한 것이기 때문에, 그 결과에 대해 네가 책임을 져야 한다"는 것이 그 논리인 것이다. 그렇다면 지금 우리는 진정 자유로운 결정에 의해 투자를 하고 있는가?

저자는 제4장에서 모국인 이스라엘의 높은 생활비, 특히 주택가격 상승을 두고 벌어진 일련의 사태를 기술하면서 중산층 이데올로기가 가져온 정치 및 가치 변화를 분석하였다. 이스라엘의 상황은 현재 한국과 너무나도 닮아 있다. 수도권을 중심으로 한 부동산 가격의 상승으로 내집 마련을 위해 이른바 영끌(영혼까지 끌어모아 투자), 빚투(빚내서 투자)를 하는 사람들이 늘어났고, 이마저도 힘든 젊은 세대는 새롭게 공부까지 하며 주식시장에 뛰어들고 있다. 여기저기서 "집을 샀네, 주식으로 얼마를 벌었네" 하는 소리를 들으며 나만 뒤처지고 도태되는 것이 아닌가 하는 포모(FOMO, Fear Of Missing Out) 증후군이 이런 위태로운 행보에 더욱 힘을 실어주고 있다. 특히 고용 시장의 불안으로 안정된 노동소득을 얻을 수 없게 된 젊은 세대는 자산가격 상승에서 발생하는 시세차익이나 배당, 임대소득 같은 불로소득에 기댈 수밖에 없는데, 이런 자산을 마련하기 위해서는 신용을 통한 대출을 받아야 하고, 그럼으로써 금융시장의 덫에 빠져 헤어날 수 없게 된다. 이런 상황 속에서 이루어지는 투자가 과연 자발적이고 자유로운 자기 결정에 의한 투자라고 할 수 있는 것인가? 노동소득이 불안정한 상태에서 빚을 내 자산을 마련한 사람들이 중산층이라고 할 수 있는 것인가?

저자의 대담한 주장처럼, 우리는 단 한 번도 중산층이었던 적이 없다. 중산층이 되기 위해, 혹은 중산층으로 일컬어지는 우리에게 부과되는 "자산을 위한 투자"는 자본주의 축적시스템의 재생산을 위한 것이며, 이때 우리를 지칭하는 "자기 결정적 투자자"라는 수식은 잉여가치 창출을 위한 자본주의적 착취를 우리가 간과하도록 만드는 교묘한 이데올로기에 불과하다. 우리는 가족의, 나 자신의 안정을 확보해야 한다는 시급함 속에서 투자 가치를 보호하기 위해 서로 임시적이고 수단적인 동맹을 맺을 뿐 공동의 문제 해결이나 이익을 위해 진정으로 연대하지 못하고 있다. 정치나 가치는 사익 추구에 맞춰져 축소되고 소소하게 변해버리고 말았다. 하지만 저자가 강변하고 있듯이, 우리는 속박된 구조의 명령에 아무런 생각 없이 따르고, 우리 사회에 스며든 이데올로기에 아무런 의심도 없이 찬동할 만큼 아둔하지 않다. 역사가 보여주는 것처럼, 우리는 성찰하고, 비판하고, 집단적으로 행동할 수 있는 힘을 지니고 있다. 허상에 불과한 중산층이 되기 위해 힘쓰기보다 투자를 강요하는 자본주의를 비판적으로 인식하고 넘어서려는 노력이 그 어느 때보다 우리에게 필요할 것이다.

서문

1   다음을 참고하라. A. V. Banerjee and E. Duflo, "What Is the
    Middle Class About? The Middle Classes Around the World,"
    MIT Discussion Papers, December 2007; R. Burger, S. Kamp, C.
    Lee, S. van der Berg, and A. Zoch, "The Emergent Middle Class
    in Contemporary South Africa: Examining and Comparing Rival
    Approaches," *Development South Africa*, 2015, 32(1), 24–40;
    D. Kalb, "Class," in D. M. Nonini, ed., *A Companion to Urban
    Anthropology* (New York: Blackwell, 2014); C. L. Kerstenetzky, C.
    Uchôa, and N. do Valle Silva, "The Elusive New Middle Class in
    Brazil," *Brazilian Political Science Review*, 2015, 9(3); H. Koo, "The
    Global Middle Class: How Is It Made, What Does It Represent?,"
    Globalizations, 2016, 13(3); H. Melber, ed., *The Rise of Africa's
    Middle Class: Myths, Realities, and Critical Engagements* (London:
    Zed Books, 2016); M. Nundee, *When Did We All Become Middle
    Class?* (London: Routledge, 2016); G. M. D. Dore, "Measuring
    the Elusive Middle Class and Estimating Its Role in Economic
    Development and Democracy," *World Economics Journal*, 2017,
    18(2), 107–22; G. Therborn, "Class in the Twenty-First Century,"
    New Left Review, 2012, 78 (November–December), 5–29. 앞서
    의 모든 연구들이 이런 접근법들에 관한 중요한 요약을 제공하
    며, 다음과 같은 연구들에서는 이런 접근법들이 더 자유롭고 긍

정적으로 사용되었다. S. Drabble, S. Hoorens, D. Khodyakov, N. Ratzmann, and O. Yaqub, "The Rise of the Global Middle Class: Global Social Trends to 2030," *Rand Corporation, Thematic Report 6*, 2015; and the "IMF: Global Financial Stability Report: Market Developments and Issues," International Monetary Fund, September 2006.

2   예를 들면, 다음과 같은 연구들을 들 수 있다. G. Amoranto, N. Chun and A. Deolaliker, "Who Are the Middle Class and What Values Do They Hold? Evidence from the World Values Survey," *Asian Development Bank Working Paper Series*, 2010, no. 229; C. Jaffrelot and P. van der Veer, eds., *Patterns of Middle Class Consumption in India and China* (London: Sage, 2012); M. Doepke and F. Zilibotti, "Social Class and the Spirit of Capitalism," *Journal of the European Economic Association*, 2005, 3(2-3), 516-24; S. Drabble, S. Hoorens, D. Khodyakov, N. Ratzmann and O. Yaqub, "The Rise of the Global Middle Class: Global Social Trends to 2030," *Rand Corporation, Thematic Report 6*, 2015; N. Eldaeva, O. Khakhlova, O. Lebedinskaya and E. Sibirskaya, "Statistical Evaluation of Middle Class in Russia," *Mediterranean Journal of Social Sciences*, 2015, 6(3), 125-34; S. D. Johnson and Y. Kandogan, "The Role of Economic and Political Freedom in the Emergence of Global Middle Class," *International Business Review*, 2016, 25(3), 711-25; C. L. Lufumpa and M. Ncube, *The Emerging Middle Class in Africa* (New York: Routledge, 2016). 그리고 우리가 우연히 집어 드는 대중잡지들도 이런 예에 속한다. 중산층의 정의를 시도하였으나 이에 실패한 어떤 연구에서는, 중산층

의 정의는 불가능하지만 민주주의와 경제, 사회에 있어 그들은 매우 중요하다는 결론을 내린 바 있다. T. Billitteri, "Middle Class Squeeze," *CQ Press*, 2009, 9−19를 참고하라.

3   이 주제들 중의 일부는 다음의 연구들에서 확인되었다. "the Western middle classes" by Chauvel and A. Hartung, "Malaise in the Western Middle Classes," *World Social Science Report 2016*, 164−69. 더 나아가 이 주제에 관한 다양한 비서구 중산층에 관한 연구는 다음과 같다. Banerjee and Duflo, "What Is the Middle Class About? The Middle Classes Around the World"; R. Burger, M. Louw, B. B. I. de Oliveira Pegado and S. van der Berg, "Understanding Consumption Patterns of the Established and Emerging South African Black Middle Class," *Development South Africa 2015*, 32(1), 41−56; J. Chen, *A Middle Class without Democracy: Economic Growth and the Prospects of Democratization in China* (Oxford: Oxford University Press, 2013); S. Cohen, *Searching for a Different Future* (Durham: Duke University Press, 2004); A. Duarte, "The Short Life of the New Middle Class in Portugal," *International Research Journal of Arts and Social Science*, 2016, 3(2), 47−57; A. R. Embong, *State Led Mobilization and the New Middle Class in Malaysia* (London: Palgrave Macmillan, 2002); L. Fernandes, *India's New Middle Class* (Minneapolis: University of Minnesota Press, 2006); D. James, "'Deeper into a Hole?'" Borrowing and Lending in South Africa," *Current Anthropology* 55(S9), 17−29; D. James, *Money for Nothing: Indebtedness and Aspiration in South Africa* (Stanford: Stanford University Press, 2015); H. Koo, "The Global

Middle Class: How Is It Made, What Does It Represent?"; M. MacLennan and B. J. Margalhaes, eds., "Poverty in Focus," *Bureau for Development Policy (UNDP)*, 2014, 26; H. Melber, *The Rise of Africa's Middle Class: Myths, Realities, and Critical Engagements*; J. Osburg, *Anxious Wealth: Money and Morality Among China's New Rich* (Stanford: Stanford University Press, 2013); B. P. Owensby, *Intimate Ironies: Modernity and the Making of Middle-Class Lives in Brazil* (Stanford: Stanford University Press, 1999); J. L. Rocca, *The Making of the Chinese Middle Class: Small Comfort and Great Expectations*, The Sciences Po Series in International Relations and Political Economy 2017; M. Shakow, *Along the Bolivian Highway: Social Mobility and Political Culture in a New Middle Class* (Philadelphia: University of Pennsylvania Press, 2014); J. Sumich, "The Uncertainty of Prosperity: Dependence and the Politics of Middle-Class Privilege in Maputo," *Ethnos*, 2015, 80(1), 1 – 21; A. Sumner and F. B. Wietzke, "What Are the Political and Social Implications of the 'New Middle Classes' in Developing Countries?" *International Development Institute Working Paper 3*, 2014; M. van Wessel, "Talking about Consumption: How an Indian Middle Class Dissociates from Middle-Class Life," *Cultural Dynamics*, 2004, 16(1), 93 – 116; C. Freeman, R. Heiman and M. Liechty, eds., *Charting an Anthropology of the Middle Classes* (Santa Fe: SAR Press, 2012).

4   그러나 인류학자들은 중산층의 범주가 인종적, 종교적, 젠더
    적 속성과 얽혀 있을 때, 그것들의 경계를 더 날카롭게 할 수 있
    다는 것을 보여주었다. 다음의 연구들을 참고하라. X. Zang,

"Socioeconomic Attainment, Cultural Tastes, and Ethnic Identity: Class Subjectivities among Uyghurs in Ürümchi," *Ethnic and Racial Studies*, 2016; Burger et al., "The Emergent Middle Class in Contemporary South Africa: Examining and Comparing Rival Approaches"; H. Donner, *Domestic Goddesses: Modernity, Globalisation, and Contemporary Middle-Class Identity in Urban India* (London: Routledge, 2008); C. Freeman, "The 'Reputation' of 'Neoliberalism,'" *American Ethnologist*, 2007, 34(2), 252–67; A. Maqsood, *The New Pakistani Middle Class* (Cambridge, Mass.: Harvard University Press, 2017); C. Jones, "Women in the Middle: Femininity, Virtue, and Excess in Indonesian Discourses of Middle-Classness," in R. Heiman, C. Freeman and M. Liechty, eds., *The Middle Classes: Theorizing through Ethnography* (Santa Fe: School for Advanced Research Press, 2012); and A. Ricke, "Producing the Middle Class: Domestic Tourism, Ethnic Roots, and Class Routes in Brazil," *The Journal of Latin American and Caribbean Anthropology*, 2017.

5   J. Nocera, *A Piece of the Action: How the Middle Class Joined the Money Class* (New York: Simon and Schuster, 2013).

6   다음의 연구들이 그 예에 해당한다. M. J. Casey, *The Unfair Trade: How Our Broken Global Financial System Destroys the Middle Class* (New York: Crown Publishing, 2012); D. Fergus, *Land of the Fee: Hidden Costs and the Decline of the American Middle Class* (Oxford University Press, 2016); S. T. Fitzgerald and T. L. Kevin, *Middle Class Meltdown in America: Causes, Consequences*

and Remedies, second edition (London: Routledge, 2014); R. P. Formisano, *Plutocracy in America: How Increasing Inequality Destroys the Middle Class and Exploits the Poor* (Baltimore: Johns Hopkins University Press, 2015); R. H. Frank, *Falling Behind: How Rising Inequality Harms the Middle Class* (Berkeley: University of California Press, 2007); P. T. Hoffman, G. Postel-Vinay and J. L. Rosenthal, *Surviving Large Losses: Financial Crises, the Middle Class, and the Development of Capital Markets* (London: Harvard University Press, 2007); D. Madland, *Hollowed Out: Why the Economy Doesn't Work without a Strong Middle Class* (Berkeley: University of California Press, 2015); N. Mooney, *Not Keeping Up with Our Parents: The Decline of the Professional Middle Class* (Boston: Beacon, 2008); K. Phillips, *Boiling Point: Republicans, Democrats, and the Decline of Middle-Class Prosperity* (New York: Random House, 1993); K. Porter, *Broke: How Debt Bankrupts the Middle Class* (Stanford: Stanford University Press, 2012); T. A. Sullivan, E. Warren and J. L. Westbrook, *The Fragile Middle Class: Americans in Debt* (New Haven: Yale University Press, 2000).

7 다음의 연구들이 그 예에 해당한다. D. Kalb, *Expanding Class: Power and Politics in Industrial Communities, The Netherlands, 1850–1950* (Durham: Duke University Press, 1997); W. Lem, "Articulating Class in Post-Fordist France," *American Ethnologist,* 2002, 29(2), 287–306; M. Lamont, *Money, Morals, and Manners: The Culture of the French and American Upper-Middle Class* (Chicago: University of Chicago Press, 1992); M. Liechty, *Suitably Modern: Making Middle-Class Culture in a New Consumer Society*

(Princeton: Princeton University Press, 2003); M. Liechty, "Middle-Class Déjà Vu," in C. Freeman, R. Heiman and M. Liechty, eds., *The Global Middle Classes* (Santa Fe: SAR Press, 2012); J. Patico, *Consumption and Social Change in a Post-Soviet Middle Class* (Washington: Woodrow Wilson Center Press, 2008); Sumich, "The Uncertainty of Prosperity: Dependence and the Politics of Middle-Class Privilege in Maputo"; A. Truitt, "Banking on the Middle Class in Ho Chi Minh City," in M. Van Nguyen, D. Bélanger and L. B. Welch Drummond, eds., *The Reinvention of Distinction: Modernity and the Middle Class in Urban Vietnam* (New York: Springer, 2012); M. Saavala, *Middle-Class Moralities: Everyday Struggle over Belonging and Prestige in India* (New Delhi: Orient Blackswan, 2012); Maqsood, *The New Pakistani Middle Class.* 더 광범위한 사례연구에 대해서는 다음의 연구들을 참고하라. Freeman, Heiman and Liechty, eds., *Charting an Anthropology of the Middle Classes*; by H. Li and L. L. Marsh, eds., *The Middle Class in Emerging Societies: Consumers, Lifestyles and Markets* (London: Routledge, 2016); and by H. Melber, ed., *The Rise of Africa's Middle Class: Myths, Realities, and Critical Engagements* (London: Zed Books, 2016). 앞 문헌을 조사한 연구는 다음과 같다. H. Donner, "The Anthropology of the Middle Class Across the Globe," *Anthropology of this Century*, 2017, 18. 또한 다음의 연구들도 참고하라. L. Wacquant, "Making Class: The Middle Class(es) in Social Theory and Social Structure," in R. F. Levine, R. Fantasia and S. McNall, eds., *Bringing Class Back In* (Boulder: Westview Press, 1991). 중산층의 정의와 경계 구분에 대한 이의 제기와 반론에 대해서는 다음의 연구들을 참고하라. D. Kalb, "Class," in

D. M. Nonini, ed., *A Companion to Urban Anthropology* (New York: Blackwell, 2014), and D. Kalb, "Introduction: Class and the New Anthropological Holism," in J. G. Carrier and D. Kalb, eds., *Anthropologies of Class: Power, Practice and Inequality* (Cambridge: Cambridge University Press, 2015).

제1장 우리가 중산층을 이야기할 때 말하는 것들

1   B. Ehrenreich, *Fear of Falling: The Inner Life of the Middle Class* (New York: Pantheon Books, 1989).

2   L. Boltanski and E. Chiapello, *The New Spirit of Capitalism* (London: Verso, 2007); M. Savage, *Class Analysis and Social Transformation* (Philadelphia: Open University Press, 2000); S. Žižek, *The Ticklish Subject: The Absent Center of Political Ontology* (London: Verso, 2000).

3   인류학자 캐스린 더들리(Kathryn Dudley)는 미국의 추방당한 농부들과 해고된 자동차 공장 노동자들을 연구하면서, 그들이 물질적 어려움을 겪는 줄곧 상황은 그들을 저버렸지만, 그들은 여전히 자기 운명의 주인이라는 점에서 스스로를 중산층이라고 믿고 있다고 분석했다. 이에 대해서는 다음을 참고하라. K. M. Dudley, *End of the Line: Lost Jobs, New Lives in Postindustrial America* (Chicago: University of Chicago Press, 1994); K.M. Dudley, *Debt and Dispossession: Farm Loss in America's Heartland* (Chicago: University of Chicago Press, 2000).

4   D. McCloskey, *The Bourgeois Virtues: Ethics for an Age of Commerce* (Chicago: University of Chicago Press, 2006); D. McCloskey, *The Bourgeois Era: Why Economics Can't Explain the Modern World* (Chicago: University of Chicago Press, 2010); and D. McCloskey, *Bourgeois Equality: How Ideas, Not Capital or Institutions, Enriched the World* (Chicago: University of Chicago Press, 2016).

5   F. Moretti, *The Bourgeois: Between History and Literature* (London: Verso, 2013).

6   자본주의에 대한 다음의 설명에서 나는 포크스(B. Fowkes)가 번역한 마르크스(K. Marx)의 『자본*Capital*』(London: Penguin, 1990)을 참고했으며, 내가 가장 도움이 된다고 생각하는 해설자와 최신자료로 다음을 참고했다. S. Clarke, *Marx's Theory of Crisis* (London: McMillan, 1994); D. Harvey, *Limits to Capital* (London: Verso, 2006); M. Heinrich, *An Introduction to the Three Volumes of Karl Marx's Capital*, trans. A. Locascio (New York: Monthly Review Press, 2004); M. Postone, *Time, Labor, and Social Domination: A Reinterpretation of Marx's Critical Theory*, (Cambridge: Cambridge University Press, 1993).

7   G. Carchedi, "On the Economic Identification of the New Middle Class," *Economy and Society*, 1975, 4(1); E. O. Wright, *Classes* (London: Verso, 1985).

8   D. Bryan and M. Rafferty, *Capitalism with Derivatives: A Political*

Economy of Financial Derivatives, Capital and Class (New York: Palgrave MacMillan, 2006); D. Bryan and M. Rafferty, "Reframing Austerity: Financial Morality, Saving and Securitization," *Journal of Cultural Economy*, 2017, 10(4), 339–55; B. Lee and E. LiPuma, *Financial Derivatives and the Globalization of Risk* (Durham: Duke University Press, 2004).

9   R. Martin, *The Financialization of Daily Life* (Philadelphia: Temple University Press, 2012); S. Soederberg, "Cannibalistic Capitalism: The Paradoxes of Neoliberal Pension Securitization," *Socialist Register*, 2010, 47; D. Sotriopoulos, J. Milios and S. Lapatsioras, *A Political Economy of Contemporary Capitalism and Its Crisis: Demystifying Finance* (New York: Routledge, 2013).

10   B. Milanovic, *Global Inequality: A New Approach for the Age of Globalization* (Cambridge, MA: Harvard University Press, 2016).

11   D. Graeber, "Anthropology and the Rise of the Professional Managerial Class," *HAU: Journal of Ethnographic Theory*, 2014, 4(3), 73–88.

제2장 재산의 은밀한 매력

1   C. Freeman, R. Heiman and M. Liechty, eds., *Charting an Anthropology of the Middle Classes* (Santa Fe: SAR Press, 2012), 20.

2 J. Morduch and R. Schneider, *The Financial Diaries: How Americans Cope in a World of Uncertainty* (Princeton: Princeton University Press, 2017).

3 D. Wahrman, *Imagining the Middle Class: The Political Representation of Class in Britain 1780–1840* (Cambridge: Cambridge University Press, 1995).

4 E. J. Hobsbawm, *The Age of Capital 1848–1874* (London: Abacus, 1977); E. J. Hobsbawm, *The Age of Empire 1875–1914* (New York: Vintage Books, 1989); and E. J. Hobsbawm, *The Age of Extremes: The Short Twentieth Century 1914–1991* (London: Abacus, 1995).

5 R. J. Morris, *Men, Women, and Property in England, 1780–1870: A Social History of Family Strategies amongst the Leeds Middle Class* (Cambridge: Cambridge University Press, 2005).

6 I. Wallerstein, "Class Conflict in the Capitalist World Economy," in E. Balibar and I. Wallerstein, eds., *Race, Nation, Class: Ambiguous Identities* (London: Verso, 1991), 115–24.

7 L. Davidoff and C. Hall, *Family Fortunes: Men and Women of the English Middle Class 1780–1850* (London: Hutchinson, 1987).

8 F. Boldizzoni, *Means and Ends: The Idea of Capital in the West, 1500–1970* (New York: Palgrave Macmillan, 2008).

9   R. Goffee and R. Scase, *The Entrepreneurial Middle Class* (London: Croom Helm, 1982).

10   I. Wallerstein, "The Bourgeois(ie) as Concept and Reality," *New Left Review*, 1988, 167 (January–February), 91–106.

11   F. H. Knight, *Risk, Uncertainty, and Profit* (Boston, MA, 1921; Online Library of Liberty, 2018).

12   나이트는 불확실성과 달리 위험을 측정 가능한 확률로 발생하는 미래 사건과 연관시킴으로써 위험과 불확실성을 구별 지은 것으로 유명하지만, 나는 단순화를 위해 위험과 불확실성을 상호 교환 가능한 것으로 다루었다.

13   Knight, *Risk, Uncertainty, and Profit*, 190.

14   D. Becher, *Private Property and Public Power: Eminent Domain in Philadelphia* (New York: Oxford University Press, 2014).

15   미국 교외의 중산층 거주 지역에서 나타나는 관문 만들기 관행 (gating practices, 자기들만의 거주 기준을 만드는 관행-역자)에 대해서는 R. Heiman, *Driving After Class: Anxious Times in an American Suburb* (Oakland: University of California Press, 2015)를 참고하라. 맨해튼 지역에서 일어난 임대료 규제지역의 세입자와 시세 임대료 지역의 세입자, 그리고 새로운 임대인 사이의 안정을 둘러싼 싸움과 이들의 분투가 어떻게 중산층에 대한 압박을 촉진했는가에 관해서는 R. W. Woldoff, L. M. Morrison and M.

R. Glass, *Priced Out: Stuyvesant Town and the Loss of Middle-Class Neighborhoods* (New York: New York University Press, 2016)를 참고하라.

16 소렌슨은 계급행동이 불로소득 추구에 지나지 않는다고 주장한다. 그의 주장은 모든 사람들이 불로소득을 얻기 위한 경쟁에서 동등한 위치에 서는 평탄한 사회(flat society)를 상정하는 데에 논의를 집중시켰다. 이는 사실상 중산층 이데올로기를 재현하는 것에 불과하다. 이에 대해서는 A. B. Sorenson, in "Toward a Sounder Basis for Class Analysis," *American Journal of Sociology*, 2000, 105(6), 1523-58를 참고하라. 이런 논의들을 개관하면서 이에 신랄한 비판을 덧붙인 연구로는 B. Skeggs, *Class, Self, Culture* (London: Routledge, 2004)가 있다.

17 H. Schwartz, "The Really Big Trade-Off Revisited: Why Balance Sheets Matter," invited talk, Central European University, May 11, 2015.

18 S. Mau, *Inequality, Marketization and the Majority Class* (London: Palgrave Macmillan, 2015).

19 G. Peebles, *The Euro and Its Rivals: Currency and the Construction of a Transnational City* (Bloomington: Indiana University Press, 2011).

20 A. Nyqvist, *Reform and Responsibility in the Remaking of the Swedish National Pension System: Opening the Orange Envelope* (New York: Palgrave Macmillan, 2016). 나는 이스라엘에서 문

화기술지 연구를 진행하면서 이와 유사한 경험을 하였다. 이스라엘 연금제도의 자유화 이후 그들에게서 소비지상주의적 반응뿐만 아니라 스웨덴에서 나타난 것과 유사한 정서가 형성되는 것을 목도하였다. 이에 관해서는 H. Weiss, "Financialization and Its Discontents: Israelis Negotiating Pensions," *American Anthropologist*, 2015, 117(3), 506–18을 참고하라.

21 "Die glücklichen Alten," *Der Spiegel*, March 1, 2017; "Generation glücklich," *Frankfurter Allgemeine Zeitung*, March 1, 2017.

22 나는 이 인터뷰 내용을 다음 연구에서도 제시한 바 있다. H. Weiss, "Lifecycle Planning and Responsibility: Prospection and Retrospection in Germany," *Ethnos* 2018.

23 R. H. Frank, *Falling Behind: How Rising Inequality Harms the Middle Class* (Berkeley: University of California Press, 2007), 43.

24 P. Bourdieu, *Distinction: A Social Critique of the Judgment of Taste*, trans. R. Nice (Harvard University Press, 1984); R. Burger, M. Louw, B. B. I. de Oliveira Pegado and S. van der Berg, "Understanding Consumption Patterns of the Established and Emerging South African Black Middle Class," *Development South Africa*, 2015, 32(1), 41–56.

25 R. Heiman, *Driving After Class: Anxious Times in an American Suburb*.

26 T. Piketty, *Capital in the Twenty-First Century*, trans. A. Goldhammer (Cambridge, MA: Belknap Press, 2014).

27 피게티는 그것을 오도하여 자본이라고 부르지만, 실제로 그의 예에서는 다양한 물질적·비물질적 형태의 재산을 말하고 있다.

28 J. Hacker, *The Great Risk Shift* (Oxford: Oxford University Press, 2008).

29 A. Harmes, "Mass Investment Culture," *New Left Review,* 2001, 9 (May–June), 103–24; P. Langley, "Financialization and the Consumer Credit Boom," *Competition and Change,* 2008, 12(2), 133–47.

30 R. Martin, "From the Critique of Political Economy to the Critique of Finance," in B. Lee and R. Martin, eds., *Derivatives and the Wealth of Societies* (Chicago: University of Chicago Press, 2016).

31 L. Zhang, "Private Homes, Distinct Lifestyles: Performing a New Middle Class," in A. Ong and L. Zhang, eds., *Privatizing China* (Ithaca: Cornell University Press, 2008); and L. Zhang, *In Search of Paradise: Middle-Class Living in a Chinese Metropolis* (Ithaca: Cornell University Press, 2010). 그러한 소비지상주의 전략을 중국 중산층의 이상화한 사회적 상상(social imaginaries)의 구성요소라고 본 연구에 대해서는 다음을 참고하라. J. L. Rocca, "The Making of the Chinese Middle Class: Small Comfort and Great Expectations," *The Sciences Po*

Series in International Relations and Political Economy, 2017.

32 L. Chumley and J. Wang, "'If You Don't Care for Your Money, It Won't Care for You': Chronotypes of Risk and Return in Chinese Wealth Management," in R. Cassidy, A. Pisac and C. Loussouarn, eds., *Qualitative Research on Gambling: Exploiting the Production and Consumption of Risk* (London: Routledge, 2013).

33 K. Verdery, *What Was Socialism, and What Comes Next?* (Princeton: Princeton University Press, 1996); K. Verdery, *The Vanishing Hectare: Property and Value in Postsocialist Transylvania* (Ithaca: Cornell University Press, 2003).

제3장 너무나 인간적인

1 H. J. Gans, *The Levittowners: Ways of Life and Politics in a New Suburban Community* (New York: Columbia University Press, 1982 [1967]), xvi.

2 나의 현장 조사는 유대인 정착촌에서 작동하는 미세한 힘에 관한 것이었는데, 이는 서안지구에 있는 팔레스타인 주민들과 간접적으로만 관련이 있었다. 이스라엘과 팔레스타인의 분쟁을 다룬 다른 출판물에서 이 관련성에 관해 논의한 바 있는데, 이는 이어지는 논의에는 부합하지 않으므로 여기에서는 다루지 않는다.

3 H. Weiss, "Volatile Investments and Unruly Youth in a West Bank Settlement," *Journal of Youth Studies*, 2010, 13(1), 17–33; H. Weiss,

"Immigration and West Bank Settlement Normalization," *Political and Legal Anthropology Review (PoLAR)*, 2011, 34(1), 112‒30; H. Weiss, "On Value and Values in a West Bank Settlement," *American Ethnologist*, 2011, 38(1), 34‒45; H. Weiss, "Embedded Politics in a West Bank Settlement," in M. Allegra, A. Handel and E. Maggor, eds., *Normalizing Occupation: The Politics of Everyday Life in the West Bank Settlements* (Bloomington: Indiana University Press, 2017).

4 M. P. Ryan, *Cradle of the Middle Class: The Family in Oneida County, New York, 1790–1865* (Cambridge: Cambridge University Press, 1981); L. James, *The Middle Class: A History* (London: Little, Brown, 2006), 4.

5 가령, 다음의 연구들을 참고하라. D. G. Goodman and R. Robinson, *The New Rich in Asia* (New York and London: Routledge, 1996); L. Boltanski, *The Making of a Class: Cadres in French Society*, trans. A. Goldhammer (Cambridge: Cambridge University Press, 1987); A. Ben-Porat, *The Bourgeoisie: A History of the Israeli Bourgeoisies* (Jerusalem: Magness Press, 1999); P. Heller and A. K. Selzer, "The Spatial Dynamics of Middle-Class Formation in Postapartheid South Africa," *Political Power and Social Theory*, 2010, 21, 147‒84; L. Fernandes, *India's New Middle Class* (Minneapolis: University of Minnesota Press, 2006); M. O' Dougherty, *Consumption Intensified: The Politics of Middle-Class Life in Brazil* (Durham: Duke University Press, 2002); T. Bhattacharya, *The Sentinels of Culture: Class, Education, and the*

Colonial Intellectual in Bengal (Oxford: Oxford University Press, 2005); H. J. Rutz and E. M. Balkan, Reproducing Class: Education, Neoliberalism, and the Rise of the New Middle Class in Istanbul (Oxford: Berghahn, 2009).

6   P. Bourdieu, Outline of a Theory of Practice, trans. R. Nice (Cambridge: Cambridge University Press, 1977); P. Bourdieu, Distinction: A Social Critique of the Judgment of Taste, trans. R. Nice (Harvard University Press, 1984); P. Bourdieu, Practical Reason: On the Theory of Social Action (Stanford: Stanford University Press, 1998) 등을 참고하라.

7   M. Postone, Time, Labor, and Social Domination: A Reinterpretation of Marx's Critical Theory (Cambridge: Cambridge University Press, 1993).

8   H. Rosa, Social Acceleration: A New Theory of Modernity, trans. J. Trejo-Mathys (New York: Columbia University Press, 2013), 117.

9   R. Collins, The Credential Society: An Historical Sociology of Education and Stratification (New York: Academic Press, 1979). 교육받은 사람들에게 적합한 취업 기회의 부족은 입증된 것처럼 적어도 비서구사회에서는 심각하고 압도적이다. 이에 대해서는 다음의 연구들을 참고하라. S. Schielke, Egypt in the Future Tense: Hope, Frustration and Ambivalence before and after 2011 (Bloomington: Indiana University Press, 2015); and by C. Jeffrey, Timepass: Youth, Class, and the Politics of Waiting in India

(Stanford: Stanford University Press, 2010).

10   Mau, *Inequality, Marketization and the Majority Class*; M. Savage, *Class Analysis and Social Transformation* (Philadelphia: Open University Press, 2000); G. Standing, *The Precariat: The New Dangerous Class* (London: Bloomsbury, 2011).

11   T. Adorno and M. Horkheimer, *Dialectic of Enlightenment*, trans. E. Jephcott (Stanford: Stanford University Press, 2002), 131.

12   가령, 다음의 연구들을 그 예로 들 수 있다. R. Bly, *The Sibling Society: An Impassioned Call for the Rediscovery of Adulthood* (New York: Vintage Books, 1997); and G. Cross, *Men to Boys: The Making of Modern Immaturity* (New York: Columbia University Press, 2008).

13   R. Kern and R. Peterson, "Changing Highbrow Taste: From Snob to Omnivore," *American Sociological Review*, 1996, 61(5), 900 – 7. 이러한 곤경은 세계적인 것이다. 예를 들어, 인류학자들은 네팔에서 어떻게 사회적 지위가 승자 없는 소비지상주의적 경쟁을 야기하는지 설명한다[M. Liechty, *Suitably Modern: Making Middle-Class Culture in a New Consumer Society* (Princeton: Princeton University Press, 2003)]. 그리고 중국의 신흥 부자들이 가지는 자기 성취 욕구가 어떻게 그들이 지닌 사업 네트워크 및 사회적 인식에 대한 의존성과 충돌하는지 설명한다[J. Osburg, *Anxious Wealth: Money and Morality Among China's New Rich* (Stanford: Stanford University Press, 2013)].

14 M. Feher, "Self-Appreciation; or, The Aspirations of Human Capital," trans. Ivan Ascher, *Public Culture*, 2009, 21(1), 21–41.

15 가령, 다음의 연구들을 그 예로 들 수 있다. S. Bowels and H. Gintis, "The Problem with Human Capital — a Marxian Critique," *The American Economic Review* 1975, 2, 74–82; W. Brown, *Undoing the Demos: Neoliberalism's Stealth Revolution* (New York: Zone Books, 2015); B. Fine, *Social Capital Versus Social Theory: Political Economy at the Turn of the Millennium* (London: Routledge, 2001); and D. Harvey, *Seventeen Contradictions and the End of Capitalism* (New York: Oxford University Press, 2014).

16 M. Joseph, *Against the Romance of Community* (Minneapolis: University of Minnesota Press, 2002)에서는 구성원들이 인적 자본에 투자하고, 더 큰 이득을 얻기 위해 그들의 자원을 사용할 때 지역사회가 형성된다고 주장한다. 그리고 R. Yeh, *Passing: Two Publics in a Mexican Border City* (Chicago: University of Chicago Press, 2017)에서는 범죄와 빈곤으로 특징지어지는 "그들"을 만들어냄으로써 티후아나(Tijuana, 멕시코 북서부에 미국 국경과 접한 도시-역자) 중산층이 "우리"로 유지되고 있는 현실을 보여준다.

17 다음의 연구들을 참고하라. C. Freeman, *Entrepreneurial Selves: Neoliberal Respectability and the Making of a Caribbean Middle Class* (Durham: Duke University Press, 2014); F. K. Errington and D. B. Gewertz, *Emerging Middle Class in Papua New Guinea: The Telling of Difference* (Cambridge: Cambridge University Press,

1999); H. Donner, *Domestic Goddesses: Modernity, Globalisation, and Contemporary Middle-Class Identity in Urban India* (London: Routledge, 2008); H. Donner, "Making Middle-Class Families in Calcutta," in J. G. Carrier and D. Kalb, eds., *Anthropologies of Class: Power, Practice, and Inequality* (Cambridge: Cambridge University Press, 2015); D. Sancho, *Youth, Class and Education in India: The Year that Can Make or Break You* (London: Routledge, 2015); A. R. Embong, *State Led Mobilization and the New Middle Class in Malaysia* (London: Palgrave Macmillan, 2002); D. James, *Money for Nothing: Indebtedness and Aspiration in South Africa* (Stanford: Stanford University Press, 2015); and C. Katz, "Just Managing: American Middle-Class Parenthood in Insecure Times," in C. Freeman, R. Heiman and M. Liechty, eds., *The Global Middle Classes* (Santa Fe: SAR Press, 2002).

18 E. Ochs and T. Kremer-Sadlik, eds., *Fast-Forward Family: Home, Work and Relationships in Middle-Class America* (Berkeley: University of California Press, 2013).

19 C. N. Darrah, J. M. Freeman and J.A. English-Lueck, *Busier than Ever! Why American Families Can't Slow Down* (Stanford: Stanford University Press, 2007).

20 J. F. Collier, *From Duty to Desire: Remaking Families in a Spanish Village* (Princeton, N.J.: Princeton University Press, 1997).

21 L. Flynn and H. Schwartz, "No Exit: Social Reproduction in

an Era of Rising Income Inequality," *Politics and Society*, 2017, 1–33; N. Oelkers, "The Redistribution of Responsibility between State and Parents: Family in the Context of Post-Welfare-State Transformation," in S. Andersen and M. Richter, eds., *The Politicization of Parenthood* (Dordrecht: Springer, 2012); A. Roberts, "Remapping Gender in the New Global Order," *Feminist Economics*, 2009, 15(4), 168–72.

22 M. Cooper, *Family Values: Between Neoliberalism and the New Social Conservatism* (New York: Zone Books, 2017).

23 K. Z. Harari, "Hachamtsan hasodi shel ma'amad habeyna'im: yesh lanu cheshbon im hahorim," *Calcalist* July 27, 2013.

24 나는 2012년부터 2016년까지 일간 신문인 Yediot Achronot와 ynet.co.il에 실린 "Mishpacha Betsmicha"라는 뉴스 보도 시리즈를 본 적이 있다. TV쇼로는 2008년부터 2012년까지 6개 시즌을 황금 시간대에 방영한 Mishpacha Choreget와 2015년 방영한 Chayim Chadashim를 들 수 있다. 그리고 이스라엘의 주요 언론 매체 웹사이트에는 수많은 투자 상담 칼럼들이 실렸다.

25 Jeffrey, *Timepass: Youth, Class, and the Politics of Waiting in India*; M. Doepke and F. Zilibotti, "Social Class and the Spirit of Capitalism," *Journal of the European Economic Association*, 2005, 3(2–3), 516–24; S. Schielke, *Egypt in the Future Tense: Hope, Frustration and Ambivalence before and after 2011* (Bloomington: Indiana University Press, 2015); S. Jansen, *Yearnings in the*

Meantime: "Normal Lives" and the State in a Sarajevo Apartment Complex (New York: Berghahn, 2015). 그 외 다른 인류학자들도 글로벌 중산층과 더 나은 미래를 기다리는 것 사이의 관련성을 주장하였다.

제4장 굿바이 가치, 굿바이 정치

1 다음의 연구를 참고하라. G. Amoranto, N. Chun and A. Deolaliker, "Who Are the Middle Class and What Values Do They Hold? Evidence from the World Values Survey," *Asian Development Bank Working Paper Series*, 2010, no. 229.

2 F. Fukuyama, "The Middle Class Revolution," *Wall Street Journal*, June 28, 2013; F. Fukuyama, *Political Order and Political Decay: From the Industrial Revolution to the Globalization of Democracy* (New York: Farrar, Straus and Giroux, 2014).

3 아랍의 봄을 이끈 대중의 반감에 대한 유사한 분석에 대해서는 다음의 연구를 참고하라. S. Devarajan and E. Ianchovichina, "A Broken Social Contract, Not High Inequality, Led to the Arab Spring," *Review of Income and Wealth*, 2017.

4 A. Sumner and F. B. Wietzke, "What Are the Political and Social Implications of the 'New Middle Classes' in Developing Countries?", *International Development Institute Working Paper*, 2014, 3; and "The Developing World's 'New Middle Classes': Implication for Political Research," *Perspectives in Politics*, 2018,

16(1), 127 – 40. 이러한 역학관계에 휘말려 나타나는 정치적 정서에 관한 문화기술지적 설명에 대해서는 다음의 연구들을 참고하라. A. Bayat, "Plebeians of the Arab Spring," *Current Anthropology,* 2015, 56 (Suppl. 11): S33 – S43. 이 연구는 자치를 요구하지 않고 재원을 요구하는 이집트 중산층 시위자들에 관해 다룬다. K. Fehervary, *Politics in Color and Concrete: Socialist Materialities and the Middle Class in Hungary* (Bloomington: Indiana University Press, 2013). 이 연구는 정치 및 경제정책을 지지하는 데 이용된 헝가리 중산층의 평범함(normality)을 추구하는 경향에 관해 다룬다. L. Giesbert and S. Schotte, "Africa's New Middle Class: Fact and Fiction of its Transformative Power," *Social Science Open Access Repository* 2016. 이 연구는 아프리카 중산층의 하위계층을 점점 더 좌절하게 만드는 그 중산층의 상위계층이 보이는 정치적 무기력에 관해 다룬다. M. O'Dougherty, *Consumption Intensified: The Politics of Middle-Class Life in Brazil* (Durham: Duke University Press, 2002). 이 연구는 브라질 중산층의 동맹을 제압한 소비지상주의적 열망에 관해 다룬다. A. Wedeman, "Not in My Backyard: Middle Class Protests in Contemporary China," in L. L. Marsh and L. Hongmei, eds., *The Middle Class in Emerging Societies: Consumers, Lifestyles and Markets* (London: Routledge, 2016). 이 연구는 비정치적인 "내 뒷마당에서는 안 된다"라는 님비(NIMBY) 문제에 초점을 맞춘 중국 중산층의 시위에 관해 다룬다. T. Trevisiani, "The Reshaping of Cities and Citizens in Uzbekistan: The Case of Namangan's "'New Uzbeks,'" in M. Reeves, J. Rasanayagam and J. Beyer, eds., *Ethnographies of the State in Central Asia: Performing Politics* (Bloomington: Indiana University Press, 2014). 이 연구는 우즈베키스탄의 새로운 중산

층 사이에서 나타나는 정치적 순응에 관해 다룬다. S. A. Tobin, "Jordan's Arab Spring: The Middle Class and Anti-Revolution," *Middle-East Policy*, 2012, 19(1), 96 - 109. 마지막으로, 이 연구는 요르단 중산층 사이에서 형성된 반혁명 정서에 관해 다룬다.

5   M. Weber, "Politics as Vocation," in D. Owen and T. B. Strong, eds., *The Vocational Lectures* (Indianapolis: Hacket, 2004).

6   M. Horkheimer, "Egoism and Freedom Movements: On the Anthropology of the Bourgeois Era," in M. Horkheimer, *Between Philosophy and Social Science*, trans. H. G. Fredrick, M. S. Kramer and J. Torpey (Cambridge: MIT Press, 1993 [1936]).

7   M. Horkheimer, "Egoism and Freedom Movements: On the Anthropology of the Bourgeois Era," 51.

8   G. Marshall, "A Dictionary of Sociology"; S. Mau, *Inequality, Marketization and the Majority Class* (London: Palgrave Macmillan, 2015).

9   L. B. Glickman, *A Living Wage: American Workers and the Making of Consumer Society* (Ithaca: Cornell University Press, 1997).

10 R. Blackburn, *Age Shock: How Finance Is Failing Us* (London: Verso, 2006); G. Clark, *Pension Fund Capitalism* (New York: Oxford University Press, 2000); A. Glyn, *Capitalism Unleashed: Finance, Globalization, and Welfare* (New York: Oxford University

Press, 2006); R. Pollin, "Resurrection of the Rentier," *New Left Review*, 2007, 46 (July–August), 140–53; J. Quadagno, *The Transformation of Old Age Security: Class and Politics in the American Welfare State* (Chicago: University of Chicago Press, 1988).

11 J. Collins, "Walmart, American Consumer-Citizenship, and the Erasure of Class," in J. G. Carrier and D. Kalb, eds., *Anthropologies of Class: Power, Practice, and Inequality* (Cambridge: Cambridge University Press, 2015).

12 J. Hickel, "Liberalism and the Politics of Occupy Wall Street," *Anthropology of this Century*, 2012, 4.; M. Nunlee, *When Did We All Become Middle Class?* (London: Routledge, 2016). 이 연구는 미국에서 나타난 이익집단 정치에 따른 정치의식의 변화, 즉 사회와 경제에 대해 폭넓은 관심을 가졌었지만, 그들이 성과주의 속에 살게 되면서 모두가 중산층이라는 관념을 지니게 된 변화에 대해 다룬다.

13 J. Robbins, "On the Pleasures and Dangers of Culpability," *Critique of Anthropology*, 2014, 30(1), 122–8.

14 R. Bellah, R. Madsen, W. Sullivan, A. Swidler and S. Tipton, *Habits of the Heart: Individualism and Commitment in American Life* (Berkeley: University of California Press, 1985); R. Putnam, *Bowling Alone: The Collapse and Revival of American Community* (New York: Simon and Schuster, 2000); R. Wuthnow, *Acts of*

Compassion: Caring for Others and Helping Ourselves (Princeton: Princeton University Press, 1991).

15 L. Goldmann, *The Philosophy of the Enlightenment*, trans. H. Maas (London: Routledge, 1973); R. Williams, *Keywords* (London: Fontana, 1976).

16 J. Robbins, "Between Reproduction and Freedom: Morality, Value, and Radical Cultural Change," *Ethnos*, 2007, 72(3), 293–314.

17 F. Nietzsche, "On the Genealogy of Morals," in W. Kaufman, ed., *Basic Writings of Nietzsche* (New York: The Modern Library, 1992 [1887]), 482.

18 N. Eliasoph, *Avoiding Politics: How Americans Produce Apathy in Everyday Life* (Cambridge: Cambridge University Press, 1998).

19 이는 이스라엘의 자원봉사자들을 연구한 나의 연구를 상기시킨다. 내가 연구한 자원봉사자들의 활동은 계약을 따낼 수 있고, 예산을 구할 수 있고, 무료 노동을 끌어모을 수 있는 기금과 그 고객층에 의존하였다. 성공을 거둔 이들은 활동 규모를 축소한 사람들이었다. 즉, 사회적 공급의 격차를 해소함으로써 부가된 가치를 전문화하고 마케팅한 이들이었다. 정부가 해결하지 못한 긴급한 요구에 대응하기 위해, 그들은 소외 계층이 특권층의 관대함에 의존하는 사회에서 좋은 일을 할 기회를 모색하였다. 이에 대해서는 다음을 참고하라. H. Weiss, "Gift and Value in Jerusalem's Third Sector," *American Anthropologist*, 2011, 113(4),

594–605.

20 W. Plumpe, *German Economic and Business History in the Nineteenth and Twentieth Century* (New York: Palgrave Macmillan, 2016).

21 "3분의 2 사회"라는 개념은 독일 사민당 정치인인 페터 글로츠 (Peter Glotz)가 그의 책 *Die Arbeit der Zuspitzung*에서 처음 사용한 바 있다.

22 H. Siegrist, "From Divergence to Convergence: The Divided German Middle Class, 1945–2000," in O. Zunz, L. Schoppa and N. Hiwatari, eds., *Social Contracts under Stress: The Middle Classes of America, Europe and Japan at the Turn of the Century* (New York: Russell Sage Foundation, 2002).

23 D. R. Holmes, *Economy of Words: Communicative Imperatives in Central Banks* (Chicago: University of Chicago Press, 2014), 65.

24 E. T. Fischer, *The Good Life: Aspiration, Dignity, and the Anthropology of Wellbeing* (Stanford: Stanford University Press, 2014).

25 또한 사회적 지속가능성, 정의, 화합에 대한 우려를 표명하면서도, 도시의 고용 및 육아 "환경"에 대해서는 실용적으로 대응하는 독일의 젠트리파이어들에 대해서는 다음의 연구를 참고하라. S. Frank and S. Weck, "Being Good Parents or Being Good Citizens,"

International Journal of Urban and Regional Research 2018, 42(1), 20-35.

26   Z. Rosenhek and M. Shalev, "The Political Economy of Israel's 'Social Justice' Protests: A Class and Generational Analysis," *Contemporary Social Science*, 2014, 9(1), 31-48.

27   투자 및 사회이동을 위한 기초 자원이 부족한 최빈곤층은 물론, 대부분 같은 자원을 놓고 경쟁할 수 없는 이스라엘의 초정통파와 팔레스타인 시민은 제외된다.

28   M. Horkheimer, "Egoism and Freedom Movements: On the Anthropology of the Bourgeois Era," 57.

맺음말

1   G. Lukács, "Reification and the Consciousness of the Proletariat," in *History and Class Consciousness*, 83-222, trans. R. Livingstone (Cambridge, MA: MIT Press, 2002[1923]).

2   G. Lukács, "Reification and the Consciousness of the Proletariat," 163-64.

3   따라서 투자는 중산층 이데올로기에 있어 가장 핵심이다. 빈곤 국가에서 중산층이 아닌 사람들이나 또는 부유한 국가의 주변부에서 중산층이 아닌 사람들을 구별하는 가장 두드러진 방법 중 하나는 바로 이 이상으로부터 그들이 얼마나 떨어져 있

는가를 살펴보는 것이다. 그리고 미래를 위해 비축하기보다는 홍청망청 써버리고, 온전히 현재만을 살아가는 일용직 노동자, 집시, 매춘부, 부랑자에 대한 논의에 대해서는 다음의 연구들을 참고하라. Richard Wilk, "Consumer Culture and Extractive Industry on the Margins of the World System," in J. Brewer and F. Trentmann, eds., *Consumer Cultures, Global Perspectives* (Oxford: Berg, 2006); Richard Wilk, "The Extractive Economy: An Early Phase of the Globalization of Diet, and ITs Environmental Consequences," in A. Hornborg, J. McNeil and J. Martinez-Alier, eds., *Rethinking Environmental History: World System History and Global Environmental Chance* (Lanham, MD: AltaMira Press, 2007); S. Day, E. Papataxiarchis and M. Stewart, eds., *Lilies of the Field* (Boulder, CO: Westview Press, 1999). 이러한 이상을 따르는 것이 계급적 특성이라는 주장을 반박한 연구에 대해서는 다음을 참고하라. J. Guyer, "Further: A Rejoinder," *American Ethnologist*, 2007, 34(3), 449.

4   P. Willis, *Learning to Labour* (Burlington VT: Ashgate, 2012).

5   S. Freud, *Civilization and Its Discontents* (New York: W. W. Norton & Company, 1989).

6   H. Marcuse, *Eros and Civilization: A Philosophical Inquiry into Freud* (Boston, MA: Beacon Press, 1974).

가계 재산 61, 65-66, 69, 79, 89, 99, 109, 134
가자 지구 139
가족 관계 157, 159-160, 162-163, 168-169
가족의 가치 163, 196
가처분소득 17, 20
개발도상국 74, 176
경기 침체 110
경력 사다리 152
경쟁 26, 28-29, 47-51, 53, 64, 66-67, 71, 79, 87, 100, 102-103, 107, 118, 123, 134-135, 139, 142-143, 145, 147-148, 150-151, 169, 173, 178-179, 183, 188, 191, 203-205, 213-214, 222
경제성장 20, 45-47, 67, 89, 95, 98-99, 105, 121, 168
고립 135, 179, 209
고용 시장 152, 219
공리 178-179, 182, 186

공리주의 186
공적 보호 제도의 철회 184
과시적 소비 119
과잉생산 48-49, 51
관념론 180, 182
교외지역 133, 137
교육 31-32, 34, 44, 53, 64, 72, 75, 110, 112-114, 133-134, 136-137, 139, 143-146, 148-152, 154-155, 157, 162, 164, 166, 175, 178, 204, 214-215, 217-219
구매력 48, 55
글로벌 금융 66-69, 75-76, 215
금욕 32, 64, 138
금융 규제 완화 184
금융 위기에의 취약성 34
금융 자본주의 67, 77
금융시장 32, 66-67, 69, 71, 75, 79, 124, 126, 134, 195
금융화 68, 70-72, 77, 80, 87, 111, 126, 164, 198, 216

기업가 정신 20, 99

긴장 36-37, 134, 138, 140, 168, 188, 222

긴축재정 197, 199

내재적 비판 35-36

노동 가치 저하 201

노동의 가치 57, 80

노동조합 68, 184

능력주의 44, 144-145

니체, 프리드리히 190

단절된 개인들 42

대인관계에서 이익 87

도덕(성) 46, 106, 137, 146, 158, 186-90, 197, 197-198, 205, 210

도덕원칙 180

독일 22, 37, 111, 115, 175, 178, 193-197, 199

라투르, 브뤼노 23

루마니아 127-129

루카치, 죄르지 208, 209-212

마르쿠제, 헤르베르트 221

마르크스, 카를 52, 56, 208, 238

마셜, 앨프레드 99

맥클로스키, 디어드리 45-47

모순 16, 36-37, 62, 75, 87, 101, 213, 219, 222-223

무매개성 209-210

문화기술지 연구 34, 37, 120, 159, 175, 192, 219

문화기술지 현장 연구 36, 135

문화적 소양 147, 152-154

물질적 쇠퇴 174

미국 34, 47, 94, 120, 123, 133-134, 157-158, 175, 182, 184-185, 187, 192-193, 200

미덕 21, 45-46, 179-180, 189

미래에 대한 계획 217

민영화 127, 184

민주주의 20-21, 45, 88, 177, 183, 212

반 월가 시위 185

베커, 게리 142

보편화 24, 205, 225

보험 21, 26, 34, 58, 62, 65, 67-69, 87-88, 107-113, 117, 119, 124-125, 140-142, 184, 195, 197, 213, 218

복지정책 177, 183-184, 200

부르디외, 피에르 145, 149, 151, 153

부르주아 45-46, 86, 100-101, 178, 181, 208, 210-212

부부 관계 157, 166, 168

부채 20, 26-27, 44, 70, 79, 86,
    109, 152, 163, 197-198
불로소득 생활자 64-65
불로소득 64-65, 76, 97, 99-101,
    108-110, 116-117, 121, 123-
    124, 144
불안정 20, 32, 42, 54, 63, 68, 70,
    73, 87, 94, 97, 117, 119-120,
    122-123, 127, 134, 144, 152,
    165-166, 168, 187, 196, 205,
    216-217
불안정한 상태 120, 187
불완전 고용 17, 50
불평등 29, 76, 112, 121-123, 145,
    147, 165, 180-181, 205
불확실성 102-103, 105, 157, 168
비판 15, 24-26, 30, 33-36, 73,
    120, 145, 147, 153, 155,
    175, 178, 190, 208-209, 221,
    223
빈곤 17, 50, 119, 136, 139, 175-
    177, 196
사리사욕 116, 179, 182, 190, 193
사유재산 26, 37, 57-58, 65, 75,
    89, 92, 98, 106, 124, 126,
    129, 134, 141, 220
사익 추구 47, 211-212, 220

사회보험 65, 67-68, 109-111,
    125, 142, 184, 195, 197
사회이동 44, 46, 61, 97, 118, 144,
    168, 173
사회적 분열 204
사회적 위치 42-43, 62, 168, 210,
    219
사회적 지위 127, 144, 154, 181,
    184
삶의 기회 200, 203
상호 전환성 149, 155
생활 임금 182-183
생활수준 18, 112, 114, 119, 148,
    183, 187, 194, 196-197, 217
서안지구 정착촌 135-140, 156,
    169
세계적 저항운동 175
소비 주도 경제성장 45
소비선택 184
소비지상주의 20, 115, 137
스웨덴 111
스페인 159, 168
시민권 73, 185, 197
시민활동 155, 187
신용 26, 60, 66-70, 73-74, 78, 93,
    97, 108-109, 119, 141, 151,
    153, 165, 173, 216, 218

신자유주의 68, 185

신흥경제 74-75

실업 50, 109, 112

실용주의 21, 139, 186, 191-192, 210

아도르노, 테오도르 153

안정 20-21, 32, 34, 42, 54, 59, 63, 68, 70, 73, 80, 86-87, 91-94, 97, 105-107, 109-110, 116-120, 122-123, 125-127, 134, 137, 141, 144, 152, 161, 165-166, 168, 177, 179, 186-187, 191, 194, 196, 202-203, 205, 216-217

연금제도 111, 115

연기금 69, 124, 140

위험 공동 관리체계 107, 109, 111, 115, 217

윌리스, 폴 219, 220

이기주의 179-180, 182

이데올로기 15, 22, 24, 30, 33, 35, 37, 77-79, 93-94, 101, 105, 112, 129, 143, 163, 168-170, 173-175, 181, 187, 194, 204, 212-214, 218, 221, 223

이스라엘 22, 37, 88, 135-140, 163-164, 167-168, 175, 199-201, 203

이혼 88-92

인간주의 181-182

인류학 21-22, 24-26, 34-36, 78, 92, 111, 126, 129, 159, 186, 194, 207

인류학자 21-22, 24-26, 34-35, 78, 92, 111, 126, 129, 186, 194

인적 자본 26, 37, 58, 75, 79, 134-135, 142-145, 147-151, 154-157, 160, 162, 167-170, 186, 201, 214, 216, 219-220

인플레이션 110, 122, 127-128, 214

일반화 24, 26-27, 72, 210

임금 17, 34, 51-55, 59-60, 95, 121, 148, 182-185, 193-194

잉여가치 51-57, 60-62, 65, 70, 72, 76, 80, 93, 98, 104, 147, 150, 169, 209, 218, 221

자기 결정 27, 30, 43, 74, 118, 168-169, 173-175, 181, 193, 204, 208, 212-213, 218, 222-223

자기 부정 179-180, 182, 186-187

자기중심주의 26, 179

자본의 순환 69, 73

자본주의 15, 25-27, 30, 37, 45-
　　　54, 56-62, 65, 67, 77-80, 93,
　　　95-101, 116-117, 121, 125,
　　　138, 149-151, 163, 175, 177-
　　　180, 186, 188, 204, 207-210,
　　　212-213, 221-222
자산의 가치 72, 218
자원봉사 187, 192
자유주의 68, 87-89, 105-106,
　　　185, 190
재무 교육 164
재산 전략 97, 102, 108, 126-127,
　　　129
재산권 58, 139, 176
재정상담가 168, 195-199
전문자격증 87, 107-108, 117,
　　　140, 142
절대소득 수준 18
정상 상태 43
정체성 15, 28, 42, 46, 79-80
정치적 실용주의 21
정치적 합의 193, 195
제2차 세계대전 68, 79, 110, 120,
　　　182-183, 193, 200, 217
주변부 국가 98
주변부 사람들 26, 43
주택담보대출 68-69, 90-91, 95,

124, 129, 165, 167, 201-203,
　　　216
중간성 41
중국 16, 21, 126, 129
중산층 유권자 141
중산층 이데올로기의 실패 33
중산층의 동맹 28
중산층의 몰락 34
중산층의 쇠퇴 200, 219
중위 소득층 18
지역사회 133-134, 137, 156, 169,
　　　188
직업 17, 52, 62, 77, 90-91, 95,
　　　112, 114, 147, 149, 151-152,
　　　160, 190, 218
착취 30, 52, 56-57, 62, 70-72,
　　　76, 78, 80, 93, 98, 150, 155,
　　　174, 212-213
총체성 209-211
축적 23, 30, 51, 53-56, 60-61, 65-
　　　66, 72-75, 77, 80, 88, 93, 96,
　　　99, 101, 104-105, 109-110,
　　　112, 116, 119, 123-125, 127,
　　　135, 146-147, 149-150, 153,
　　　155, 168-169, 174, 188, 199-
　　　200, 207-209, 211, 213, 218-
　　　221

취약성 34, 45, 120, 156, 174, 176, 205

통화가치 절하 127

퇴직연금 33, 69, 85, 91, 112, 151, 164, 195

투자 주도적인 자기 결정 30, 173, 175, 204, 212, 222

투자 15, 21, 26-32, 34, 38, 43-44, 50-52, 54, 60-61, 63-67, 69-80, 85-93, 95-97, 99-100, 103-107, 109-110, 112-113, 115-119, 121-129, 134-135, 137, 140, 142-145, 147, 150-152, 154-157, 162-169, 173-175, 184-186, 191-192, 195-198, 201-202, 204-205, 208-209, 211-222

파급효과 47

포스톤, 모이쉬 6, 147

프로이트, 지그문트 221

피라미드식 예금 127

피케티, 토마 120, 121-122

할부 60, 68, 70, 216, 218

헤겔, G. W. F 30

호르크하이머, 막스 153, 178, 180-182, 205

홉스봄, 에릭 96

후쿠야마, 프랜시스 175

중산층은 없다
사회이동이 우리를 어떻게 호도하는가

초판 1쇄 발행 2021년 5월 10일

지은이 하다스 바이스
옮긴이 문혜림 · 고민지
펴낸이 강수걸
편집장 권경옥
편집 윤은미 박정은 강나래 최예빈 신지은 김리연
디자인 권문경 조은비
경영지원 공여진
펴낸곳 산지니
등록 2005년 2월 7일 제333-3370002510002005000001호
주소 부산시 해운대구 수영강변대로 140 BCC 613호
전화 051-504-7070 | 팩스 051-507-7543
홈페이지 www.sanzinibook.com
전자우편 sanzini@sanzinibook.com
블로그 http://sanzinibook.tistory.com

ISBN 978-89-6545-721-3 03330

산지니가 펴낸 책

정치·사회

정체성이 아닌 것 나탈리 하이니히 지음 | 임지영 옮김

중산층은 없다: 사회이동이 우리를 어떻게 호도하는가 하다스 바이스 지음 |
문혜림·고민지 옮김

인간의 권리: 인권사상·국내인권법·국제인권법 김철수 지음

약속과 예측: 연결성과 인문의 미래 젠더어펙트 연구소

한중 협력의 새로운 모색, 부산-상하이 협력 동서대학교 중국연구센터 지음

망각된 역사, 왜곡된 기억 '조선인 위안부' 최은수 지음

완월동 여자들 정경숙 지음

현대인의 자유와 소외 황갑진 지음

말랑말랑한 노동을 위하여 황세원 지음

벽이 없는 세계 아이만 라쉬단 윙 지음 | 정상천 옮김

한 권으로 읽는 마르크스와 자본론 사사키 류지 지음 | 정성진 옮김

윤리적 잡년 재닛 하디·도씨 이스턴 지음 | 금경숙·곽규환 옮김

교사의 사회의식 변화: 2005-2009-2014-2019 정진상 지음

김일성과 박정희의 경제전쟁 정광민 지음

전태일에서 노회찬까지: 청년들에게 들려주는 한국 진보정치사 이창우
지음 *2020 6월 책씨앗 추천도서

빅브라더에 맞서는 중국 여성들 리타 홍 핀처 지음 | 윤승리 옮김

21세기 마르크스 경제학 정성진 지음

정전(正戰)과 내전 오오타케 코지 지음 | 윤인로 옮김

헌법과 정치 카를 슈미트 지음 | 김효전 옮김 *2020 대한민국학술원 우수도서

내러티브와 장르: 미디어 분석의 핵심 개념들 닉 레이시 지음 | 임영호 옮김

사람 속에 함께 걷다 박영미 지음

나는 개성공단으로 출근합니다 김민주 지음 *2020 2월 책씨앗 이달의책 선정도서

저는 비정규직 초단시간 근로자입니다 석정연 지음 *2020 한국출판산업진흥원
책나눔위원회 2월의 추천도서

싸움의 품격 안건모 지음 *2019 한국출판문화산업진흥원 출판콘텐츠 창작 지원 선정도서

다시 시월 1979 10.16부마항쟁연구소 엮음

골목상인 분투기 이정식 지음

한국의 헌법학 연구 김철수 엮음 *2020 대한민국학술원 우수도서

그림 슬리퍼: 사우스 센트럴의 사라진 여인들 크리스틴 펠리섹 지음 | 이나경
옮김 *2019년 서울국제도서전 여름 첫 책 선정도서

대학과 청년 류장수 지음

CEO사회 피터 블룸·칼 로즈 지음 | 장진영 옮김

도시는 정치다 윤일성 지음

국가폭력과 유해발굴의 사회문화사 노용석 지음 *2019 세종도서 우수학술도서

중국 경제법의 이해 김종우 지음

세상에 나를 추천하라 정쾅위 지음 | 곽규환·한철민 옮김

독일 헌법학의 원천 카를 슈미트 외 지음 | 김효전 옮김 *2018 세종도서
우수학술도서

폴리아모리: 새로운 사랑의 가능성 후카미 기쿠에 지음 | 곽규환·진효아 옮김

선택: 진보로 부산을 새롭게 디자인하자 현정길 지음

사람 속에서 길을 찾다 박영미 지음 *2018 세종도서 우수교양도서

당당한 안녕: 죽음을 배우다 이기숙 지음

거리 민주주의: 시위와 조롱의 힘 스티브 크로셔 지음 | 문혜림 옮김

라틴아메리카 흑인 만들기 차경미 지음

영화로 만나는 동아시아: 패권주의와 다문화 백태현 지음 *2017 세종도서
우수교양도서

전쟁범죄란 무엇인가 후지타 히사카즈 지음 | 박배근 옮김
***한국출판문화산업진흥원 우수콘텐츠 선정도서**

계급 이해하기 에릭 올린 라이트 지음 | 문혜림·곽태진 옮김

중국 민족주의와 홍콩 본토주의 류영하 지음 *2016 홍콩 판권 수출

베트남 전쟁의 유령들 권헌익 지음 | 박충환·이창호·홍석준 옮김 *제12회 경암학술상
인문사회 부문 수상

지역사회와 민주주의를 말하다 부길만 지음

라틴아메리카의 과거청산과 민주주의 노용석 지음

동중국해 문화권의 민가 윤일이 지음

바이마르 헌법과 정치사상 헤르만 헬러 지음 | 김효전 옮김 *2017 대한민국학술원 우수도서

아메리칸 히로시마 데이비드 J. 디오니시 지음 | 정성훈 옮김

들어라 미국이여 피델 카스트로 지음 | 강문구 옮김

이데올로기와 미국 외교 마이클 H. 헌트 지음 | 권용립·이현휘 옮김 *2010 시사인 올해의 책

추락하는 제국 워런 코헨 지음 | 김기근 옮김

하이재킹 아메리카 수전 조지 지음 | 김용규·이효석 옮김

수전 조지의 Another world 수전 조지 지음 | 정성훈 옮김

팔루자 리포트 빙 웨스트 지음 | 이종삼 옮김

만들어진 점령서사 조정민 지음

르포, 절망의 일본열도 가마타 사토시 지음 | 김승일 옮김

폭력 우에노 나리토시 지음 | 정기문 옮김

우리 옆의 약자 이수현 지음

나는 시의회로 출근한다 김영희 지음

진보와 대화하기 김석준·김외숙·송성준 지음 | 이광수 엮음 *2006 문화관광부 우수학술도서

만화로 보는 노무현 시대 이창우 글·그림

범죄의 재구성 곽명달 지음

절망사회에서 길 찾기 현장 편집부 엮음

차이나 인사이트 김동하 외 지음

글로벌 차이나 이종민 지음

21세기 중국! 소통과 뉴트렌드 공봉진 외 지음

변방이 중심이 되는 동북아 신 네트워크 이창주 지음

여성학 이메일 수업 김선경 지음

이주민과 함께 살아가기 이주노동자와 연대하는 전일본 네트워크 지음 | 이혜진·이한숙 옮김 *2007 한국간행물윤리위원회 청소년도서

미국 대학의 힘 목학수 지음 *2014 한국출판문화산업진흥원 청소년도서 *2014 한국연구재단 우수저서

공학자의 눈으로 본 독일 대학과 문화 목학수 지음

문제는 교육이야 김석준 지음

부산언론사 연구 채백 지음 *2013 대한민국학술원 우수도서 *2013 한국언론학회
학술상

부산화교의 역사 조세현 지음

부산의 오늘을 묻고 내일을 긷다 장지태 지음

부울경은 하나다 강병중 지음

반송사람들 고창권 지음

대천마을, 사진을 꺼내 들다 맨발동무도서관 엮음

우리가 만드는 문화도시 문화도시네트워크 지음

귀농, 참 좋다 장병윤 지음

폐교, 문화로 열리다 백현충 지음

수다, 꽃이 되다 임숙자 엮음 | 백복주 사진

SNS시대 지역신문기자로 살아남기 김주완 지음

현미경으로 들여다본 한국사회 정영인 지음

촌기자의 곧은 소리 장동범 지음 | 안기태 그림

사람이 희망이다 : 파워인터뷰 42 손정호 지음

환경

맥시멀 라이프가 싫어서 신귀선 지음

해오리 바다의 비밀 조미형 지음 | 박경효 그림 *2020 환경부 우수환경도서 *2019
한국문화예술위원회 문학나눔 선정도서

이렇게 웃고 살아도 되나 조혜원 지음 *2020 환경부 우수환경도서 *2018
한국문화예술위원회 문학나눔 선정도서

습지 그림일기 박은경 글 · 그림 *2018 대한출판문화협회 청소년교양도서

지리산 아! 사람아 윤주옥 지음

2℃ : 기후변화 시대의 새로운 이정표 김옥현 지음

해운대 바다상점 화덕헌 지음 *2018 환경부 우수환경도서

기후변화와 신사회계약 김옥현 지음 *2015 학교도서관저널 추천도서

촌놈 되기 : 신진 시인의 30년 귀촌 생활 비록 신진 산문집

보약과 상약 김소희 지음

시내버스 타고 길과 사람 100배 즐기기 김훤주 지음 *2014 환경부 우수환경도서
*2012 문화관광부 우수교양도서

황금빛 물고기 김규정 글·그림 *2013 학교도서관저널 추천도서 *2013 문화관광부
우수교양도서

아파트키드 득구 이일균 지음 *2012 환경부 우수환경도서

강수돌 교수의 나부터 마을혁명 강수돌 지음 *2010 환경부 우수환경도서

습지와 인간 김훤주 지음 *2008 환경부 우수환경도서

한반도 환경대재앙 샨샤댐 진재운 지음 *2008 환경부 우수환경도서

백두산에 묻힌 발해를 찾아서 진재운 지음

도시, 변혁을 꿈꾸다 정달식 지음 *지역신문발전위원회 지원도서

인문 교양

통증보감: 약 안 먹고 수술 안 하고 병 고치는 법 아닌 지음

좋은 문장을 쓰고 싶다면 이진원 지음

할머니 이야기를 들려주세요: 인터뷰 글쓰기 잘하는 법 은정아

자치분권 시대의 로컬미학 임성원 지음

공자와 소크라테스: 동서 정치사상의 기원 이병훈 지음

저항의 도시, 타이베이를 걷다 왕즈홍 외 지음 | 곽규환 외 옮김 *2016 대만
문화부 번역출판 지원사업 선정도서

탈학습, 한나 아렌트의 사유방식 마리 루이제 크노트 지음 | 배기정·김송인 옮김

가상현실 시대의 뇌와 정신 서요성 지음 *제34회 한국과학기술도서상 수상 *2016
세종도서 우수학술도서

고슴도치 시대의 여우 조규형 지음 *2016 한국영어영문학회 YBM저술상 수상도서

사포의 향수 주세페 스퀼라체 지음 | 김정하 옮김

중국 민족주의와 홍콩 본토주의 류영하 지음

한 권으로 읽는 중국문화 공봉진·이강인·조윤경 지음 *2010 문화체육관광부
우수학술도서

한나 아렌트와 마틴 하이데거 엘즈비에타 에팅거 지음 | 황은덕 옮김

진화와 윤리 토마스 헉슬리 지음 | 이종민 옮김